Timothée Mushagalusa

Responsable Ecclésiastique Entre Gouvernance Et Gestion

Timothée Mushagalusa

Responsable Ecclésiastique Entre Gouvernance Et Gestion

Défis D'Un Leadership Fructueux

Éditions Croix du Salut

Impressum / Mentions légales
Bibliografische Information der Deutschen Nationalbibliothek: Die Deutsche Nationalbibliothek verzeichnet diese Publikation in der Deutschen Nationalbibliografie; detaillierte bibliografische Daten sind im Internet über http://dnb.d-nb.de abrufbar.
Alle in diesem Buch genannten Marken und Produktnamen unterliegen warenzeichen-, marken- oder patentrechtlichem Schutz bzw. sind Warenzeichen oder eingetragene Warenzeichen der jeweiligen Inhaber. Die Wiedergabe von Marken, Produktnamen, Gebrauchsnamen, Handelsnamen, Warenbezeichnungen u.s.w. in diesem Werk berechtigt auch ohne besondere Kennzeichnung nicht zu der Annahme, dass solche Namen im Sinne der Warenzeichen- und Markenschutzgesetzgebung als frei zu betrachten wären und daher von jedermann benutzt werden dürften.

Information bibliographique publiée par la Deutsche Nationalbibliothek: La Deutsche Nationalbibliothek inscrit cette publication à la Deutsche Nationalbibliografie; des données bibliographiques détaillées sont disponibles sur internet à l'adresse http://dnb.d-nb.de.
Toutes marques et noms de produits mentionnés dans ce livre demeurent sous la protection des marques, des marques déposées et des brevets, et sont des marques ou des marques déposées de leurs détenteurs respectifs. L'utilisation des marques, noms de produits, noms communs, noms commerciaux, descriptions de produits, etc, même sans qu'ils soient mentionnés de façon particulière dans ce livre ne signifie en aucune façon que ces noms peuvent être utilisés sans restriction à l'égard de la législation pour la protection des marques et des marques déposées et pourraient donc être utilisés par quiconque.

Coverbild / Photo de couverture: www.ingimage.com

Verlag / Editeur:
Éditions Croix du Salut
ist ein Imprint der / est une marque déposée de
AV Akademikerverlag GmbH & Co. KG
Heinrich-Böcking-Str. 6-8, 66121 Saarbrücken, Deutschland / Allemagne
Email: info@editions-croix.com

Herstellung: siehe letzte Seite /
Impression: voir la dernière page
ISBN: 978-3-8416-9868-1

Copyright / Droit d'auteur © 2013 AV Akademikerverlag GmbH & Co. KG
Alle Rechte vorbehalten. / Tous droits réservés. Saarbrücken 2013

RESPONSABLE ECCLÉSIASTIQUE ENTRE GOUVERNANCE ET GESTION : DÉFIS D'UN LEADERSHIP FRUCTUEUX

SIGLES ET ABRÉVIATIONS

C.B.C.A : Communauté Baptiste au Centre de l'Afrique
C.B.K : Communauté Baptiste au Kivu
E.C.C: Eglise du Christ au Congo
E.C.Z: Eglise du Christ au Zaïre
F.P.Z: Facultés Protestantes au Zaïre
I.S.T.P: Institut Supérieur de Théologie Protestante
P.U.F: Presses universitaires de France
UNISA: University of South Africa

PREFACE

Mon consentement à préfacer l'ouvrage du professeur Timothée Mushagalusa est lié à une expérience personnelle avec l'auteur lors de ma retraite à Bukavu en Octobre 2012, passée dans la maison de passage de l'Université Libre des Pays des Grands Lacs (ULPGL) qu'il dirige avec compétence et humilité. La rencontre m'a permis d'expérimenter *first hand* quelques théories soutenues par l'auteur dans son ouvrage. Non seulement qu'il s'était employé à rendre mon séjour agréable, professeur Mushagalusa m'a aussi, à travers sa personne, ses dires et ses actions, permis d'apprendre d'autres leçons d'abnégation, de partage et d'écoute. Ces vertus, souvent absentes dans la vie de beaucoup de leaders, représentent pourtant l'essence d'un leadership fructueux.

En leadership, l'abnégation est d'une grande importance dans la mesure où elle incite le leader à miser plus sur le bien-être de l'équipe que sur ses propres intérêts. L'esprit de partage qui en découle impulsera le leader à mobiliser une équipe de travail autour d'un idéal commun. Mû par l'esprit de l'écoute, le leader bénéficiera de l'apport de chaque membre du groupe de sorte que la force des uns revigorera la faiblesse des autres en vue de produire la synergie voulue. Sans doute, ces vertus d'abnégation, de partage et d'écoute sont plus que nécessaires pour un leadership fructueux. Mon contact avec professeur Mushagalusa m'a ainsi permis de réaliser la quintessence d'un tel raisonnement et m'a poussé à accepter volontiers l'offre de préfacer son ouvrage. Autant pour dire que l'auteur parle de ce qu'il aura expérimenté et de ce qu'il pratique lui-même.

En historien du christianisme, l'auteur se fait d'abord appuyer par les faits historiques émanant à la fois de l'église néotestamentaire et de celle des autres périodes avant de proposer quelques recommandations pratiques. C'est peut-être l'approche de l'auteur qui rend l'ouvrage plus complexe qu'un lecteur non averti courra le risque de s'égarer dans les méandres de multiples citations et références bibliographiques. A cette catégorie de lecteurs, je conseillerais de simplement ignorer ces annotations liées aux exigences de la recherche scientifique et de se concentrer sur l'essentiel du message.

L'ouvrage intitulé *Responsable ecclésiastique entre gouvernance et gestion : Défis d'un leadership fructueux* vient à point nommé pour répondre à un besoin à la fois pratique et académique. Aussi bien les responsables actuels que ceux en cours de formation ont besoin de l'éclairage relayé par le présent ouvrage. D'une manière générale, les ouvrages sur le leadership sont calqués sur la culture de leurs auteurs. Or, les ouvrages disponibles sur ce sujet émanent plus de la plume occidentale dont les éléments culturels ne sont pas toujours applicables à nos réalités africaines. Par contre, nous avons besoin de réflexions contextualisées, celles traitant de vrais besoins et opportunités sentis et ressentis par nos institutions tant ecclésiastiques que séculières. Bien que focalisé sur le responsable ecclésiastique, le contenu du présent ouvrage peut servir les responsables de n'importe quel secteur de la vie en société.

L'ouvrage du professeur Mushagalusa permet à ses lecteurs de réaliser et de dissiper la confusion que beaucoup de leaders se font quant à la relation devant exister entre *gouvernance* et *gestion*. Partant du point de vue biblique, il démontre que la gouvernance et la gestion sont des *charismes* divins susceptibles d'être désirés et fructifiés. En réalité, ces charismes ne sont pas toujours faciles à dissocier. Le présent ouvrage facilite la tâche en soutenant que la différence entre gouvernance et gestion devient perceptible dans leur mise en œuvre, à travers le rôle que jouent les gouvernants et celui relevant des gestionnaires dans la marche d'une institution. Pendant que les organes de la gouvernance s'occupent de la politique générale d'une institution, ceux de la gestion se concentrent sur sa marche quotidienne. Dès lors que le responsable confond ces deux rôles, tous les maux souvent décriés dans le chef du leadership africain ne tarderont pas à prendre surface et à miner le bon fonctionnement de l'institution. Une telle réalité conduira malheureusement le responsable à s'arroger les rôles de la gouvernance et de la gestion au point de jouer au *one man show*, parce qu'étant au four et au moulin.

Tout responsable ecclésiastique devrait savoir que sa position place son leadership entre la gouvernance et la gestion, et que s'il veut jouir d'un leadership fructueux, la part de choses qu'il fera entre la gouvernance et la gestion en déterminera le résultat. C'est spécialement à ce niveau que le présent ouvrage se recommande.

Dr Fohle Lygunda li-M
Chef de Département de Missiologie
International Leadership University, Burundi.

AVANT –PROPOS

Le présent ouvrage est né de notre expérience acquise sur le tas comme agent dans un secrétariat général d'une communauté ecclésiastique. Aussi, est-il le résultat de seize ans d'enseignement sur les notions d'administration et de gestion aux étudiantes et étudiants de la faculté de théologie protestante.

En effet, cet ouvrage voudrait corriger une erreur que commettraient inconsciemment peut être par un nombre considérable des responsables. Il s'agit de celle consistant de confondre les organes de gouvernance et ceux de gestion.

En outre, ces miettes sur la gouvernance et la gestion arment les responsables ecclésiastiques afin qu'ils s'adonnent à leurs taches avec foi, compétence et efficacité.

Enfin, nous pouvons clore cet avant-propos sans remercier ceux dont leurs apports respectifs ont enrichi notre analyse en lisant notre manuscrit. Sans pourtant les nommer tous ici, nous mentionnerons que certains parmi eux. Il s'agit de Léonard Bishikwabo et Dr Fohle. Que Michael Ajuamungu, trouve ici l'expression de notre reconnaissance pour la mise en page de cet ouvrage. Aussi ne devrions nous pas perdre de vue les personnes suivantes : Prof. Dr Leonard MASU-GA-RUGAMIKA et feu Prof. Jean MASAMBA pour nous avoir donné les premières notes sur l'administration et gestion de l'église ; Rev.Dr KAKULE MOLO qui nous a permis d'appliquer ces notions d'administration en nous affectant comme secrétaire de direction.

NOTES INTRODUCTIVES ET LIMINAIRES

Les thématiques de la gouvernance et de la gestion suscitent d'innombrables analyses savantes chez des chercheurs pointus en leadership et management. Le présent ouvrage ne prétend aucunement les égaler ni les supplanter. Il n'interprète avec ses limites, en faveur des serviteurs de Jésus Christ dans les entités ecclésiales, le condensé des résultats de recherches des spécialistes en gestion et management en vue qu'ils les appliquent dans l'exercice de leurs ministères ecclésiastiques de direction.

En effet, ces notes sur la gouvernance et la gestion sont destinées aux responsables religieux d' abord, soucieux de se sentir coller à eux, les qualificatifs de 'sanctifiés' et de 'utiles au Maitre' (1 Ti 2,21). Ensuite ceux ou celles se sentant appartenir à Dieu[1] qu'ils ou qu'elles servent (1Co 4,1; Ac 27, 23) avec joie et empressement. En plus, ces notes sont pour des serviteurs et servantes ne confondant plus les principes de gouvernance et de gestion.

En réalité, selon les usages en vigueur en RD Congo, les organes de gouvernance se rapportent à l'Assemblée générale, au synode, au Comité Exécutif, au Conseil d'Administration, à l'Assemblée de District ou de poste, à l'Assemblée paroissiale et au conseil des anciens, etc… Les organes de gestions quant à eux, sont ceux liés à la gestion quotidienne des organisations ou entreprises respectivement la Présidence communautaire et Représentation Légale des Communautés ecclésiastiques,

---

[1] D'après G. André, lorsque Paul use ici de ' que je sers', il ne s'agit plus d'un service courant uniquement mais celui impliquant révérence et adoration à Dieu pour quiconque l'exercerait. En conséquence, il ou elle se doit d'être 'administrateur' des ministères de Dieu, fidèles se laissant conduire sous la dépendance de Dieu de Jésus Christ en remplissant soigneusement le service reçu de Lui par grâce (2Ti 1,3) en le mettant au service des autres (1Pi,4,10), et cela selon la foi de tout un chacun (Ro,12 ; 2Co,10,13 et 2Co 12,18). Cf G.André, *Serviteurs de Christ*, Valence et Vevey, Bibles et Publications Chrétiennes La Bonne Semence/ Dépôt Biblique et Traités Chrétiens, 1983, pp.5-7.

anciennement dit 'Secrétariat Général'; le Surintendant, le chef de District, le poste ou la région ecclésiastique, le pasteur responsable de paroisse locale.

En outre, cet ouvrage veut rendre attentifs les responsables ecclésiastiques sur la pertinence de la gouvernance et de la gestion de l'Église comme des charismes divins à développer que Dieu pourvoit, dans sa grâce à son Église, en vue de sa croissance. Cela contrairement à l'opinion injustement entretenue et répandue indûment par une certaine frange des dirigeants 'illuminés' et qui pensaient que ce dont ils n'ont pas eu à apprendre n'existerait.

Enfin, cet ouvrage voudrait insuffler l'esprit d'innovation managériale et de changement en matière de gestion ecclésiastique. En effet, esprit de Dieu de Jésus Christ en œuvre, appelle les êtres humains à se constituer en communion et non comme une assemblée appelée par les leaders chrétiens à se réunir en culte. Comme le dit Templar (2007 : 15-16), les responsables chrétiens se montreront ainsi innovateurs en se considérant autant responsables, d'un ensemble de personnes qu'ils n'auraient pas probablement choisies, qu'ils pourraient ne pas aimer, avec lesquelles ils n'avaient peut-être rien en commun et qui peut-être ne leur apprécient guère non plus. Les responsables devraient amener toutes ces personnes à faire régulièrement leur travail chaque jour sachant que qu'ils sont également responsables de leur santé physique, émotionnelle et mentale. Ils devraient ainsi se rassurer que leurs collaborateurs et administrés ne souffrent pas ou ne font pas souffrir les autres. Ainsi devraient-ils faire en sorte qu' ces derniers exercent plutôt leurs fonctions dans le respect des textes applicables à leur métier. Ils devraient connaitre leurs droits, ceux de la société et ceux des syndicats. Innover enfin, dans la manière du responsable d'apprendre à se gérer soi-même (Templar, p.20) en dépassant ses émotions et ses limites personnelles afin d'amener à conduire, à inspirer, à motiver, à guider, à modeler le futur, car, renchérit Templar (p.18), 'les managers sont ceux qui dirigent le monde'. Quant à l'esprit de changement, à la suite de Héraclite, qui au sixième siècle avant Jésus Christ relevait que, 'rien n'est permanent, sauf le changement' (Bressy Templar & Konkuyt 2011:409), les leaders s'efforceront de considérer les changements rapides et complexes qu'ils soient comme ' des opportunités de croissance' (Bressy et Konkuyt, p. 409). Le leader par voie de conséquence intériorisera que le changement peut, comme nous le révèlent Bressy et Konkuyt (p.410), revêtir le caractère soit d'une 'mise à jour continuelle' consistant en un ensemble d'ajustements partiels et des modifications mineures au travers d'idée d'évolution ou d'adaptation, d'apprentissage à faire mieux la même chose, donc une sorte de mise à jour continuelle de l'entreprise, soit en changement radical correspondant à l'idée de rupture en faisant ce que l'on a jamais fait.

Par ailleurs, pour décortiquer notre thématique, cet ouvrage discute au départ de la nécessité des responsables ecclésiastiques de fructifier les charismes de la gouvernance et de gestion. Par après, cette étude récapitule et éclaire en même temps les différentes interrogations en rapport avec le fondement biblique et l'évolution historique de la pratique de la bonne gouvernance et de la gestion de l'Église. Elle fixe à ce propos les raisons d'être de leurs principes appliqués à l'Église. Elle étale la notion du leadership ayant trait à la bonne gouvernance tout en précisant le contenu du pouvoir et de l'autorité, du management, notion se rapportant aux organes de gestion quotidienne de l'Église. Cet ouvrage en plus, peint l'ossature des structures d'organisation ecclésiastique classique dans le monde protestant. Par la suite, notre réflexion fouine les significations profondes que contiennent certains mots clés employés en administration et gestion. Enfin, l'ouvrage propose un modèle de gouvernance et de gestion d'une paroisse locale. Posons maintenant le jalon de cet ouvrage en précisant le bien-fondé de développer la gouvernance et la gestion comme des charismes que Dieu dispose à l'église pour paitre son troupeau.

CHAPITRE PREMIER: GOUVERNANCE ET GESTION: QUEL RAPPORT?

Comme nous l'avons déjà dit en introduction, le présent ouvrage se veut une initiation à la pratique fructueuse de la gouvernance et de la gestion appliquée à l'Église. Il se veut en même temps 'un soutien et une promotion des idées novatrices' (La clé de l'Afrique 2012 :2) en matière de gouvernance et de gestion ecclésiastiques. Cette étude est née d'une expérience acquise sur le tas comme attaché au service de la direction d'une Église[2] alors que nous venions de terminer le premier cycle de notre formation théologique et pastorale. Six ans plus tard, en 1997, nous avons commencé à enseigner le cours d'administration et gestion de l'Église aux étudiantes et étudiants du premier cycle de formation universitaire en faculté de théologie jusqu'au moment de la rédaction de présent ouvrage. L'ouvrage se fixe l'objectif de doter les dirigeantes et dirigeants ecclésiastiques d'une théorie réduite sur la gouvernance[3] et la gestion afin d'affûter leur capacité managériale et leur leadership. En fait, le vécu quotidien de l'Église[4] est confronté aux innombrables

---

[2] Il s'agit de la Communauté Baptiste au Kivu, CBK, actuellement la Communauté Baptiste au Centre de l'Afrique, la CBCA en sigle.

[3] Notons en effet, que d'après Vernimmen (2012 :654, 972, 1052), le mot de gouvernance est apparu en France au cours des années 1990. Il désigne la façon dont le pouvoir est organisé au sein d'une organisation. Il s'est généralisé en particulier dans un usage appliqué aux entreprises aux dépens du terme français ' gouvernement'. Dans une acception large, la gouvernance d'entreprise ou *Coporate governance* représente l'organisation du contrôle et de gestion de l'entreprise. De façon plus étroite, le terme de gouvernance d'entreprise est utilisé pour désigner l'articulation entre l'actionnaire et la direction de la société, et donc principalement le fonctionnement du Conseil d'administration ou du directoire et du conseil de surveillance. La gouvernance financière de l'entreprise est l'ensemble des pratiques et processus utilisés par l'entreprise dans le but de garantir transparence et intégrité dans le domaine financier.

[4] D'après U.Kuhn (2007 : 451), pour désigner la communauté des celles et ceux se réclamant de Jésus Christ de Nazareth, les écrivains du Nouveau Testament usent du mot central *'ekklesia'*. Ce dernier traduisait l'hébreu *kahal* et *edah* .Le premier désignait l'assemblée de ceux qui reçoivent la loi de YHWH et pratiquent le culte divin (Dt 4,7 et Dt 7,7) et cette assemblée entretient un lien politique plus marqué. Le second, désigne par contre plus la communauté cultuelle. Pour Augustin d'Hippone (354-430), l'Eglise de son temps depuis l'avènement de Constantin le Grand (270-337), prit pied dans l'espace politique. Il s'insurge contre les tendances du leadership politique grec de Constantinople, lequel visait à établir entre l'Eglise et l'Etat une relation positive, significative sur le plan de l'histoire du salut, Augustin d'Hippone

défis et problèmes de gestion et de la gouvernance. Ces derniers ne peuvent être résorbés qu'en imaginant de nouvelles stratégies adaptées de gestion et de la gouvernance. A ce sujet, Albert Einstein (1879-1955), ne disait-il pas que 'nous ne pouvons pas résoudre des problèmes en utilisant la même sorte de pensée lorsqu'ils naissaient'[5]. La génération présente se doit de doter la génération qui lui succédera des instruments de travail pouvant la rendre plus performante.

En conséquence, tout responsable, en dépit de la réussite que peut atteindre son mandat, s'il ne prépare pas sérieusement sa succession, son action ne serait qu'une faillite, car observe Ngambi (2008 : 17), *'success without a successor is failure'*. C'est pourquoi, il appartient, à chacune et à chacun, dès à présent de partager sa vision et ses stratégies de travail avec ses collaborateurs plus jeunes. Par contre, dans beaucoup de nos églises, il n'est malheureusement pas chose aisée de parler de la gouvernance. Cela pour la simple raison qu'une frange de ses membres, se targuant d'avoir comme chef Jésus Christ, ne veulent pas parler ou entendre parler de l'utilisation d'instruments de gouvernance et de gestion au sein de l'Église. Ce faisant, ils prétendent se sentir appartenir davantage à une communauté dont le chef est ailleurs, au ciel, que sur terre.

---

souligne dans son ouvrage *Cité de Dieu*, les différences entre les deux ordres en distinguant deux grandes 'cités' : celle de Dieu et celle du diable. La première est la communion de ceux qui s'acheminent vers le but divin. La deuxième rassemble les hommes et les anges ayant choisi la voie du mal. Savoir qui appartient à l'une comme à l'autre de ces deux cités est privilège de la prédestination divine. Quant à l'Eglise, Augustin d'Hippone considère qu'elle est manifestement un composé de bons et de méchants, d'élus et de réprouvés. L'appel par le baptême ne se confond pas avec l'éternelle élection de Dieu. L'Eglise augustinienne reconnaitrait-elle une tension entre la véritable Eglise des élus et l'institution extérieure et visible. L'institution visible de l'Eglise sous la houlette des évêques, n'en reste pas moins le corps salvifique auquel il faut nécessairement appartenir pour accéder à la béatitude. En ce sens l'ancien principe de Cyprien de Carthage (200-258) selon lequel 'hors de l'Eglise point de salut' était de mise. En revanche, l'Etat pour Augustin d'Hippone, est cette 'grande troupe des brigands' n'a d'autre fonction que d'intégrer et de tempérer tous les motifs égoïstes des hommes, de manières à préserver autant que faire se peut la paix extérieure. Dans cette mesure l'Etat est appelé à soutenir l'œuvre de l'Eglise.

[5] Cité par H Ngambi. 2008. 'African Leadership Models & Economic Sustainability' in *Centre for African Rennaissance Studies- Leadership Training Skills- DRC Youth Group*, Pretoria, 07-11 April, p.18.

En substance, à notre sens, tout observateur averti de la Bible et surtout du Nouveau Testament, se rendrait vite compte que la gouvernance et la gestion étaient perceptibles et visibles même dans le chef de Jésus Christ lors de son ministère terrestre. En effet, l'existence d'un chargé de la trésorerie, un prélude à l'application de certains principes de la répartition des tâches, principe cher à la pratique moderne de la gouvernance et de la gestion ou du management. Mais dans une perspective historique, l'Église en attente de la parousie ou retour triomphal du Christ, s'est constitué progressivement des mécanismes pouvant l'aider à se maintenir comme une institution rendant des services en faveur de ses membres, dans l'ordre et dans la foi. C'est en d'autres termes dire que la gouvernance et la gestion seraient dues à un accident de l'histoire de la croissance de l'Église. Dans cette perspective, la hiérarchisation des dons spirituels, dont celui de gouverner, tient une place non négligeable (1Cor 12, 28; Eph 4, 11; Ro12,8). C'est ainsi que tout membre appelé à assumer des responsabilités au sein de l'Église, devrait être en mesure de situer le début de l'application des principes de gouvernance et de gestion à la communauté des croyants.

En réalité, historiquement parlant, comme dit ci-haut, le reflexe des premiers chrétiens d'inventer les principes de gouvernance gestion serait en notre sens, un accident d'histoire : leur Maitre et Seigneur tardant de revenir les prendre comme il leur avait promis (Mt 26,64), alors que le nombre des chrétiens s'accroissait et faisaient face aux nouveaux défis de survie et d'organisation. Ce serait dans cette perspective que certains principes de gouvernance et de gestion en occurrence le remplacement d'un agent fautif comme Judas Iscariote par Matthias (Ac 1, 15-26) et la sélection sur base des critères fixés, de premiers diacres (Ac 6,1-6).

Par ailleurs, la présente réflexion s'inscrit dans la ligne de la recherche des principes donnés par Dieu pour la direction de son troupeau. Elle se propose d'aider chacune ou chacun, appelé (e) à la fonction de sa direction comme nous le rappelle Ribe (2006 : 5-6), à 'comprendre les faux mécanismes et les systèmes humains qui ont remplacé ou déformé le plan initial de Dieu' en cette matière liée à la direction de son troupeau regroupé au sein d'une église donnée. Celle-ci doit être au premier plan considérée selon que nous le rappellent Richards et Hoeldtke (1980 :12), comme un 'organisme' (*a living organism*) plutôt que comme une 'institution'. En fait, s'initier à la matière de la gouvernance et de la gestion devrait constituer une priorité de quiconque voudrait impeccablement exercer un ministère ecclésiastique fructueux.

En effet, comme le relève Jean Masamba ma Mpolo (1993), habituellement le ministère[6] s'exerce sous quatre dimensions : le ministère dirigé vers Dieu (culte); le ministère dirigé vers l'humain (dialogue pastoral); le ministère dirigé vers la société (diaconie); le ministère dirigé vers l'Église (administration).

---

[6] John Knox décrivant le ministère dans l'église primitive, relève que le mot 'ministère' était rendu en grec par le mot 'diaconie'. Le mot en lui-même exprime le 'service'. Cfr. J.Knox.1983. 'The Ministry in the Primitive Church' in HR Nieburh *et al.* (eds.). *The Ministry in Historical Perspectives*. p.1. Cependant, Williams précise que durant la période néotestamentaire, il existait trois types de ministères : 1. ministère des inspirés ou vocations jouant le rôle soit de l'apôtre, de l'évangéliste, du prophète et de l'enseignant ; 2. celui de presbytres, diacres ; 3. Evêque, le titre honorifique pour le maintien de la discipline et de l'administration de l'Eglise. Même si dans la période néotestamentaire, il n'y aurait pas la notion de la prêtrise telle qu'elle se développera un peu plus tard, car pour les chrétiens de ce temps, Christ était devenu pour eux le seul grand prêtre par son sacrifice. La prêtrise, telle que définie par le Judaïsme et le paganisme, était héréditaire. Mais graduellement et cela avec l'évolution du temps au cours du deuxième siècle, l'officiant principal du culte, principalement celui qui administrait la sainte cène, son rôle d'après Ignace d'Antioche (2eme siècle), fut directement associé à celui du Christ avec son sacrifice du Calvaire au travers de sa liturgie commémorative, devenue par contagion, comme celle du grand prêtre de l'Ancien Alliance. Au fil de temps ce fut ce presbytre –président, évêque, comme pasteur d'une communauté chrétienne locale, qui représentait la totalité (*fulness of ministry*) du ministère. Il remplissait concomitamment, la fonction du prophète, de l'enseignant, présidait la liturgie de la cène. C'est lui enfin qui assurait la consolidation théologique de la doctrine chrétienne devant le péril de la persécution tant de la part de la populace que de l'autorité politique. Cfr G Williams 'The Ministry of the Ante-Nicene Church (c.125-325)' in HR Nieburh *et al.* (eds.). *The Ministry in Historical Perspectives*. p. 27-28.

Notre étude s'insère dans le dernier ministère. L'Église est reconnue comme une société des hommes et des femmes appelés à exercer divers ministères traduits au travers de maints services et biens que les chrétiens doivent se rendre mutuellement et aux tiers. A ce titre donc, l'Église est considérée comme une entreprise productrice des biens et services. C'est pourquoi, ses animateurs ou ses gestionnaires terrestres sont tenus à s'imprégner des principes managériaux afin qu'ils s'épargnent « d'agir sans savoir » car dit-on, « agir sans savoir est de l'imprudence ». C'est dans ce cadre que notre ouvrage familiarisera tout (e) gestionnaire chrétien (ne) aux grands principes de la gouvernance et de la gestion ou d'administration[7] appliqués à l'Église. Il (elle) sera aussi conscient (e) de la nécessité d'une gestion saine de toute la communauté chrétienne.

Pour ce faire, les efforts de tout (e) responsable et gestionnaire ecclésiastique seront canalisés pour qu'il (elle) fasse parvenir, aussitôt qu'il où elle serait affecté (e) comme pasteur(e), par exemple sa paroisse, comme nous le concède A. Roux (1984),

---

[7] L'administration est opérationnelle au sein des organisations, des entreprises et des familles. Elle consiste dans l'action de prévoir, organiser, commander et contrôler. Pour bien administrer, 14 principes nous conduisent: la division du travail, la discipline, l'équité, l'ordre, la subordination des intérêts particuliers à l'intérêt général, la hiérarchie, la centralisation et la décentralisation, la rémunération du personnel, l'initiative, l'autorité et la responsabilité, l'union du personnel, la stabilité du personnel, l'initiative, l'unité de commandement et la direction. A son statut d'une fonction opérationnelle, l'administration pourvoit aux organisations et structures des éléments suivants: des règles, codes, lois et procédures devant orienter leurs actions; de la politique générale des organisations couchée au travers de leur vision, mission, valeurs, philosophie et devise; des plans d'actions contenus dans des planifications suivies et évaluées; de la planification de la gestion du personnel en termes des plans de formation de renforcement des capacités, de retraite et de renouvellement; l'organisation du travail (départements et services); la chaîne de commandement selon les différents paliers de l'autorité établie; le contrôle du dévouement du personnel au travers des organes et outils institués pour la vérification et le suivi. Cf. Vital Banywesize, Séminaire organisé sur le Développement organisationnel lors du Comité Exécutif de la CBCA, tenu à Buhimba du 22au 23 février 2010.

citant Henry Venn[8], à une triple autonomie à savoir : *Self support, self government, and self extension*. C'est la loi de « trois S »[9] : c'est-à-dire une église qui tend à supporter seule ses charges financières, à se gouverner et à étendre son champ d'action.

S'il est admis que l'application de principe d'autonomie est le signe probant de la croissance de l'église, il importe de ce fait de se rendre compte de la manière dont le mécanisme de la gouvernance et gestion ecclésiastique s'est constituée. Les données bibliques nous fournissent une base sérieuse et rassurante à ce sujet. Le chapitre ci-après nous dira long.

---

[8] Le Document 12, traite de 'Henry Venn : Naissance et croissance d'une église'. Ce document précise la pensée de Venn datant de 1861 relative aux principes d'autonomie financière, administrative et missionnaire. Cfr Association francophone œcuménique de missiologie, *Repères pour la mission chrétienne : Cinq siècles de tradition missionnaire. Perspectives œcuméniques. Textes réunis et introduits par Klaus Peter Blaser*, Paris/ Genève, Cerf/ Labor et Fides, pp. 45-46.

[9] Lorsque le pasteur méthodiste anglais William Booth (1829-1912), créa l'Armée du Salut , à la suite d'une campagne d'évangélisation dans le quartiers misérables de l'Est de Londres, il poursuivait l'objectif de lutter contre les fléaux sociaux : pauvreté, alcoolisme, prostitution, drogue. En effet, en se souciant des 'laisser-pour –compte' et des déviants, Booth cherchait à leur apporter un minimum matériel et vital et la dignité morale, puis à leur mettre devant le choix de l'Évangile, progression dans l'action que symbolise son mot d'ordre: 'Soupe, savon, salut'. Cfr J Baubérot, 'Le protestantisme : unité et diversité dans le protestantisme' in J Delumeau, *Le fait religieux*, Paris, Fayard, 1996, p. 200.

CHAPITRE DEUXIEME: GOUVERNANCE, PRINCIPES DE LEADERSHIP ET DE POUVOIR

Ce chapitre justifie le fondement biblique et décrit l'évolution historique de la pratique de la gouvernance et de gestion en générale et celle appliquée à l'église en particulier. Il examine ensuite, la raison d'être de la pratique de la gouvernance et de gestion au sein de l'Église. Il retrace par voie de conséquence la compréhension historique qu'a connue le principe de la gouvernance et de gestion de l'Église. Ces principes ont évolué de l'Art en Sciences de gestion et d'administration. En outre, ce chapitre scrute les notions du leadership, du pouvoir et de l'autorité. En fin, la carte postale du leadership ecclésiastique clôt ce chapitre.

2.1 Fondement biblique de la gouvernance et de la gestion

Pourquoi les notions de la gouvernance et de gestion sont-elles nécessaires pour tout répondant ou responsable ecclésiastique? Peut-on repérer certaines traces de ses principes dans l'histoire du salut? Contribuent-elles à l'amélioration de l'efficacité de tout agent affecté dans une institution ecclésiastique? En effet, étant donné que, d'une manière générale, les principes de la gouvernance et gestion, permettent à notre société de disposer d'équipements, de produits, de services et de relations humaines meilleures, appliqués à l'Église ces principes nous permettront d'en faire autant. La gestion est une activité qui ordonne les efforts combinés des événements isolés et des informations éparses pour qu'ils deviennent des relations significatives au sein de toute institution. L'Église, comme institution procuratrice des biens et des services ne peut se passer de principes de gouvernance, de gestion ou d'administration[10]. Comme une institution d'excellence, elle en sert d'exemple. Le

---

[10] En effet, pour l'école classique des théories des organisations, la théorie administrative de Fayol (1841-1925) assigne six fonctions à toute entreprise dont chacune joue un rôle significatif. Il s'agit de : fonction technique(production, fabrication, transformation); fonction commerciale(achats, ventes, échanges) ; fonction financière (recherche et gérance des capitaux); fonction de sécurité (protection des biens et des

pasteur comme tout agent de l'Église ne devrait pas se passer, de s'acclimater aux principes de cette activité. L'Église, selon les indications bibliques (Jn 17,6-15) est installée sur la terre. Pour cette raison elle doit être dotée d'une structure en rapport avec son appartenance terrestre pour sa maintenance même si elle recèlerait en elle aussi une dimension divine que les responsables humains ne doivent se passer.

Comme entreprise, l'Église ne doit pas être en dehors du monde en matière managériale, mais doit aider le monde à se transformer par son modèle. A ce titre, elle doit jouer son rôle du sel, de la lumière et du ferment (Mt 5,13).

Par ailleurs, ceux ou celles qui se sont donnés aux études en gestion (Franklin1985), trouvent en la Bible, les origines managériales. Ils se réfèrent surtout à : Exode 18,13-27, Nombres 11,14-17. Du texte d'Exode surtout, seraient nées les notions de « consultance-consultant, répartition des tâches, les critères de sélection des agents », notions chères à la gestion du personnel. Logiquement, Jethro, beau-père de Moïse serait considéré comme le premier consultant en matière de gestion du personnel en rapport avec la délégation du pouvoir et la répartition des tâches.

A la suite des données bibliques de l'Ancien Testament, le Nouveau Testament dispose des données scripturaires se rapportant à la gouvernance et à la gestion. Ces notions de gouvernance et de gestion sont rendues en Nouveau Testament par ceux de 'service' et de 'charisme' ou 'don spirituel'[11] dans la plupart des cas. Les textes

---

personnes); fonction de comptabilité (inventaire, bilan; prix de revient, statistique, etc.); fonction administrative(prévoyance, organisation, commandement, coordination et contrôle). Pour Fayol, la notion classique d'administration qu'il assimile à la gestion correspond au management consistant à administrer, c'est à dire prévoir, organiser, commander, coordonner et contrôler. L'église comme toute entreprise ne se passerait pas de cette réflexion de Fayol dans la gestion des services et biens qu'elle aux tiers aux travers de ses services cultuels, d'enseignement, de santé, de projets de développement,...

[11] En fait, Dieu est l'auteur de la diversité des dons et des fonctions. C'est dans l'Église et en vue de l'Église que Dieu répartit dons et fonctions. Tout ministère par lequel le Christ édifie l'Église et qui est sa manifestation dans l'Église, tout service assurant et manifestant la vie du corps du Christ, toute aptitude , même banalement humaine , que le Seigneur de l'Église mobilise et qui rend celle-ci capable

suivants en disent long : Éphésiens 4,7-16; 5,16; Ro 12,6-8 ; 1Co 12,4-11;   Jn10-16; Lc 16,1-13; 19, 11-27. En fait, le texte de Ro 12,8 épingle la fonction de celui ou celle qui réside. Celui de Lc 16 celle d'être fidèle dans l'exercice de ses fonctions alors que celui de Lc 19, émarge la notion de rendre compte. Celui d'Ep 4, spécifiquement le verset 11, catégorise les types de fonctions dévolues aux leaders ecclésiastiques afin de l'édification des communautés confessant Jésus Christ.

Notons enfin, que la notion de service caractérisant l'exercice des fonctions ecclésiastiques, se réalise lorsque les leaders chrétiens en serviteurs fidèles se laissent conduire par leur Maitre, Jésus Christ à l'instar de *'hupêretês*[12], l'image d'un subordonné agissant sous la direction d'un autre qui Jésus Christ. Appesantissons-nous un moment sur l'évolution historique qu'a connue la pratique de la gouvernance et de gestion avant que celle-ci ne fut apprivoisée par l'Église.

2.2 Évolution historique de la pratique de la gouvernance et de la gestion

La pratique de la gouvernance, de la gestion ou de l'administration est de mise depuis les temps immémoriaux. En effet, la tradition biblique d'après F. Franklin (1985), atteste comment Noé, Abraham et leurs descendants géraient à leur manière et dirigeaient un grand nombre d'hommes, de femmes, de ressources matérielles et atteignaient des objectifs très variés. De nombreux textes de gestion citent Jethro, beau-père de Moïse, comme le premier « consultant » en gestion qui enseigna à

---

de remplir sa mission, est charisme, manifestation de l'Esprit. Cf. C.Senft, *La première épitre de Saint Paul aux corinthiens, 2è édition corrigée et augmentée*, Genève, 1990, p. 164. Pour une etude plus detaillée sur Eglise, organisation et ministère, lire : E.Leenhardt, 'L'organisation de la primitive Eglise', in *Etudes sur l'Eglise dans le NT*,1940,pp.44-78.; PH.Menoud, *L'Eglise et le ministère*, 1949.

[12] Ce mot dans la conception grecque désignait à l'origine un sous –rameur. Pas même un marin, mais un subordonné qui agit sous la direction d'un autre. Ainsi étaient –ils désignés Jean Marc en Ac 13, 5; Paul en Ac 26, 16. Cf G.André (1983 :5).

Moïse, le concept de délégation de l'autorité, de limitation du nombre de subordonnés directs, de la répartition des tâches...

Quand on étudie, en fait l'évolution de la pratique de la gestion, on est amené à se poser la question de savoir si la gestion est une science ou un art. Le constat des spécialistes en cette matière font le constat suivant : la pratique de la gestion et de l'administration ne serait pas toutefois une science exacte, elle est plutôt à cheval entre les sciences humaines et les sciences exactes. Plusieurs personnes prétendent que l'étude formelle de la gestion était au départ une science mais qui a été influencée par d'autres facteurs lui légués par certaines disciplines, particulièrement la psychologie et la sociologie.

Mais d'une façon générale, la pratique de la gestion et de l'administration inclut certains aspects de l'art d'une part et de la science de l'autre part. En tant que science, la gestion est un ensemble de connaissances systématiques accumulées et reconnues permettant de comprendre les vérités générales concernant la direction de biens et services. En tant qu'art, elle enseigne la pratique de la gestion.

Pour réussir, les dirigeants doivent faire preuve d'efficience et d'efficacité dans leurs connaissances et pratiques. C'est à ce titre que le dirigeant ou le leader devient une « combinaison unique d'homme de science et d'artiste agissant ». Il ne le sera qu'après avoir compris les notions de leadership, de l'autorité et du pouvoir tel qu'expliquées dans le sous point ci-dessous.

2.3 Notion de leadership, de l'autorité et du pouvoir

Ce sous point traite de l'usage de l'autorité d'une manière générale et de son application en milieu ecclésiastique en particulier. Il sera présentement question de comprendre le contenu sémantique de concepts tels que ' leadership, leader', ce qui fait d'une personne un leader.

2.3.1 Le Leadership

2.3.1.1 Définition

Le substantif de 'leadership' est d'origine anglaise dérivant du verbe 'to lead'[13] (conduire, diriger, commander, être en tête de, mener, aller devant). Selon Hanlon, ce substantif, est une notion nécessaire de l'administration. Il est d'après Bernard, un élément essentiel à la survivance de toute démocratie ou tout système gouvernemental. Pour sa part Fayol, cité par Bressy et Konkuyt(2011 :220), considère le leadership comme étant l'un de cinq éléments constitutifs de toute activité managériale où le **commandement joue un rôle central voire crucial,** car, c'est au moment où les ordres sont donnés, que s'opère un réel premier contact entre dirigeant et subordonnés.

La réaction à ce contact dira Kazadi Tshilumba (1973), se traduit en diverses formes : la productivité, l'efficacité ou l'inefficacité, la réussite ou l'échec, l'efficience ou l'inefficience. Considérant que le leadership se rapporte aux qualités du comportement des individus qui guident le monde ou canalisent ses efforts dans un mouvement organisé.

Bernard le définit comme cet état d'excellence qui consiste à être en avant, à être le premier et à être le guide des autres. C'est une qualité d'après Thompson, conférée à une personne par ceux qui reçoivent les ordres. Tandis que pour McGregor (Boucher 1991), le leadership est par essence la relation que l'on retrouve entre les variables E qui veut dire besoins, buts, expectatives et l'identification avec le chef de file vu comme un moyen d'atteindre les buts recherchés.

---

[13] Ce verbe peut être bien compris lorsqu'on peut le traduire dans certaines langues africaines. Par exemple en Swahili ce verbe peut être traduit par '*kuongoza*' qui veut dire ' faire montrer la voie'. A ce titre, un leader serait celle ou celui qui montre aux autres la voie ou la direction à suivre pour atteindre un objectif donné.

Le leadership est l'engagement dans une action qui inaugure une structure en interaction. Il consiste, précise Follett (Boucher 1991), à enseigner et à entraîner les subordonnés à gérer la situation par eux-mêmes et à les aider à développer leurs propres idées. C'est à ce titre que Hanlon (Boucher 1991) définit le leadership comme la création d'un climat qui stimule l'éclosion de l'énergie latente au sein de l'individu ou de l'organisation et qui en facilite la concertation dans une direction favorable à la réalisation de ses buts.

C'est dire en d'autres termes que le leadership naît automatiquement de l'acceptation par le groupe de cette même concertation. C'est dans ce cadre que beaucoup d'auteurs en management estiment qu'un leadership efficace est plus indispensable au succès d'une organisation que sa structure, son financement et même son mode de fonctionnement.

Par ailleurs, si pour Follett (Boucher 1991), le leadership se composerait de quatre qualités personnelles (ténacité, capacité de s'exprimer, la profondeur de vue, perspicacité). Bernard pour sa part, lui confère deux aspects : l'aspect technique qui est local, particulier, individuel, éphémère et l'aspect général qui, quoique plus absolu, demeure fondé sur la supériorité individuelle et sur la responsabilité. Likert[14] présente quant à lui le leadership du futur comme la fusion de toutes les aptitudes techniques et administratives de certains principes conducteurs et de certaines qualités intrinsèques à la nature même de ce concept.

De ce qui précède en rapport avec les tentatives de définitions concept de leadership, on se rend aisément compte que les succès comme les échecs dans beaucoup d'organisation sont généralement attribués à l'efficacité ou à l'inefficacité du

---

[14] D'après Bressy et Konkuyt (2011 :225), R.Likert distingue quatre mode de management : **autoritaire** (centralisation, communication hiérarchique, sanctions); **paternaliste** (style protecteur, récompense et sanctions); **consultatif** (travail en équipe et communication mais participation factice); **participatif** (participation du groupe de travail à la prise de décision, à la définition des objectifs et à la résolution des conflits, la forte communication et forte coopération entre membres du groupe

leadership. En effet, parlant de leaders Peter Ferdinand Drucker (1909-2005) n'affirme-t-il pas que « les cadres à tous les échelons représentent la ressource fondamentale et la plus rare de l'entreprise.

En définitive, retenons que le leadership est une activité consistant à stimuler ou à influencer les gens à vouloir accomplir les objectifs et l'organisation du groupe. Il est l'influence exercée dans une situation donnée et dirigée à travers un processus de communication[15] à l'accomplissement des buts spécialisés. Quand on parle de leadership il y a trois variables à tenir en compte : le leader lui-même catalyseur; ceux qui le suivent et la situation. Comme on peut le remarquer, la mission dévolue à tout leader est celle de forger la conscience et l'image collective de ceux qui le suivent. Il existe habituellement trois types de leadership : le leadership fonctionnel, leader de position, le leadership personnel (naturel). Le premier attribue à celui qui connaît le mieux la situation devant lui permettre d'organiser ceux qui le suivent. Celui de position peut quelque fois être inhérent à la fonction assumée par celui qui est appelé à organiser les gens. Le dernier est rattaché à la personnalité innée de l'individu. Enfin, pour Grint Keith (2005 :1-3), il serait indiqué de tenir en compte quatre différents moyens pour comprendre ce qu'est le leadership. Il s'agit de la personne, du résultat, de la position et du processus. S'agissant de la personne, il faut entendre 'ce qu'elle est'. En effet, les leaders sont le produit de ce que le fait leaders (*leaders are that makes them leaders*). Quant au résultat, il faut comprendre c'est que le leader 'ce que le leader accomplit (*What leaders achieve that makes them leaders*). La position détermine où, le lieu ou instance de la hiérarchie, la fonction exercée

---

[15] Pour une vue plus étendue sur la communication dans les entreprises, lire avec intérêt : K.Blanchar, J.Spencer, *The One Minute Manager : The Quicket Way to Increase Your Own Prosperity*, New York, Berkley Books, 1983; G. Bressy, C.Konkuyt, *Management et économie des entreprises 10è édition* , Paris, Dalloz, 2011, pp.113-129; R.Templar, *Les 100 règles d'or d'or du management : code pour un management efficace* , Paris, Marabout, 2007, pp.35-57; M.H Westphalen, *Le guide de communication d'entreprise : Communicator 4è édition*, Paris, Dunod, 2004; J. Welch, S. Welch, *Mes conseils pour réussir*, Paris, Nouveaux Horizons, 2009, pp. 55-59, lesquelles pages se rapportant à ' La parole et dignité', Y.Le Lay, *Savoir rédiger* , Paris, Larousse, 2001, p.8.

(*Where leaders operate that makes them leaders*). Finalement, par processus, il faut entendre la méthodologie suivie ou les voies empruntées par un leader pour atteindre les objectifs assignés à son entreprise (*It is how leaders get things done that makes them leaders*). Il se découle de cette compréhension de Keith que le leadership serait corollaire à l'état de la personne appelée à exercer une fonctions, à ce qu'il, accomplit aussitôt affectée à cette tâche, à la spécification de la tâche à réaliser et à sa méthode efficiente de travailler. Par ailleurs, le leadership efficace, rappelle Sigit Triyono (2012), définit la vision repère les parties prenantes, travaille pour l'avenir radieux de son institution, mobilise l'engagement individuel des membres du personnel et engendre la capacité organisationnelle consistant à former une équipe et à gérer les changements. En définitive, le au-delà de tout, le leadership consiste à agir selon la vision, à motiver les gens ou les collaborateurs, à communiquer les directives et les instructions, à faire preuve de compétence et de charisme[16] et bien qu'il ne serait pas exclu que certaines dispositions innées peuvent entrer en ligne de compte pour la formation du leadership, ce dernier serait un produit qu'on acquiert généralement par apprentissage. C'est dire qu'on ne naît pas leader mais on le devient.

2.3.1.2 Le leader

Traitant du leadership, Jack et Suzy Welch (2009 : 63-65), comprennent que le leadership exige un comportement et une disposition d'esprit bien précis qui, pour beaucoup de gens, se mettent en place avec le poste. Avant de devenir leader, spécifient ces auteurs, la réussite du leader consiste à cultiver ses capacités

---

[16] Sigit Triyano, Formation sur le leadership et la gestion stratégique, CBCA, formation tenue à Goma du 19au 25mars 2012. Pour cet auteur, dans ses prestations un leader doit concentrer 35% de son action sur l'accomplissement de la vision de l'institution circonscrite dans une période précise, 33% pour motiver les membres du personnel, 19% pour communiquer, 8% pour affuter son charisme et 5% pour sa compétence. En Sigit se référant à Kevin Lowell (2010), dresse le modèle d'un leadership holistique et le défi du leadership serviteur. Le premier se construit autour de leader visionnaire et stratège, de constructeur des relations, axé sur le résultat et sur les valeurs et intégrité. Le second prédispose le leader à définir une vision (1Chroniques 12,32;Apocalypse 2,7), motivé à travailler en équipe, prépare la succession, se présente comme modèle et relève les membres du personnel qui trébuchent.

personnelles. Et quand on devient leader[17], la réussite consiste à aider les autres à se cultiver. Il se déduit de cette appréhension de ces auteurs que le rôle du leader consisterait d'aider les collaborateurs à entretenir leurs capacités.

Hanlon, pour son compte, considère qu'un leader est celui qui a la capacité de créer un climat favorable dans un groupe pour la survie d'une organisation. C'est celui qui sert de guide à ses compatriotes dans des situations données. Sa suprématie dépend de facteurs ci-après : d'un côté, les relations entre le leader et les membres du groupe. Le leader doit jouir de la confiance du groupe. De l'autre côté, la force de position permettant au leader d'être en mesure d'orienter, de décider et d'assurer une coopération entre les membres. C'est pourquoi le leader doit afficher certains comportements : à son statut de chef de file, il doit faire preuve des subtilités en ayant par exemple l'habileté de négliger ses propres talents pour mettre en valeur ceux des autres. C'est celui qui doit montrer aux autres que l'ordre fait partie intégrante dans chaque situation.

Bernard attribue au leader les caractéristiques suivantes : dynamisme, endurance, force de persuasion, sens de responsabilité de prendre des décisions. La fonction de leader enfin de compte consiste à cerner les objectifs à atteindre, à mettre en œuvre les moyens disponibles pour la réalisation de ces objectifs, à stimuler la coordination des actions, en gérer la conduite ou l'exécution et les problèmes qui en découleraient. Signalons qu'il existe deux types de leader : leader autocratique et leader

---

[17] Jack et Suzy Welch (2009 :65), assigne au leader huit tâches : 1. Le leader améliore constamment son équipe. Pour y parvenir, il exploite toute rencontre comme occasion d'évaluer, de coacher et de renforcer l'assurance de chacun; 2.Le leader fait en sorte que tout le monde connaisse la vision, la vive et l'applique; 3. Le leader se met en phase avec tous les membres du personnel. Son énergie positive et son optimisme son contagieux; 4.Le leader instaure un climat de confiance par la franchise, la transparence et la reconnaissance des mérites de tous; 5.Le leader a le courage de prendre des décisions impopulaires et de suivre son instinct; 6. Le leader sonde et questionne chacun avec une curiosité qui frise le scepticisme. Il s'assure que l'on répond à ses questions par des actes; 7.Le leader donne envie, par son exemple, de prendre le risques et d'apprendre; 8. Le leader sait fêter la victoire.

démocratique. Le leader autocratique est celui qui n'est concerné que par une seule préoccupation : le travail et son accomplissement. Leader démocratique quant à lui se préoccupe des relations humaines pour assurer l'accomplissement du travail.

Pour qu'un leader rende facile sa tâche, il doit : dire à ses collaborateurs ce qu'ils doivent faire, comment ils devront s'y prendre; soit partagé ses responsabilités et son expérience avec eux en les associant au planning et à l'exécution du travail.

2.3.1.3 Leader et processus de prise de décision

Trois étapes sont recommandées au leader pour la prise de décision : l'énumération dettes les alternatives possibilités d'action et la détermination des conséquences. Il existe selon Bernard, deux grandes catégories de décisions : décisions positives; décisions négatives.
Les décisions positives sont celles qui limitent, dirigent, arrêtent et préviennent l'action. Les décisions négatives sont celles qui consistent en ne décider de rien.

Pour Gaiffiths (Boucher 1991), par contre, il place les décisions sous quatre rubriques : décisions administratives; décisions d'appel; décisions intermédiaires; décisions créatives.

Les décisions administratives établissent des critères sur lesquels se fondent les décisions des autres membres de l'organisation. Les décisions intermédiaires sont celles prises chaque fois qu'un ordre, qu'un commandement ou une politique est transmise aux subalternes par des supérieurs. Les décisions d'appel sont celles que les subalternes référents aux supérieurs pour diverses raisons. Les décisions créatives, contrairement aux trois premières émanent de l'individu lui-même. Une décision administrative dans sa justesse est une question de relativité et peut être évaluée sous deux angles : d'abord dans un sens large, la décision sera correcte si elle est consistante avec l'échelle générale des valeurs sociales et si ses conséquences sont socialement souhaitables. Ensuite, dans un sens plus restreint, une décision est correcte si elle est constante avec le schème de référence qui a été organisationellement assigné à celui qui décide.

Simon spécifie les décisions rationnelles c'est à dire celles prises à la suite d'un processus logique et en dénombre six espèces :

1. Une décision rationnelle est objective si le comportement qui s'ensuit permet d'atteindre les valeurs poursuivies;
2. Elle est subjective si elle se révèle le meilleur compte tenu des connaissances que l'individu avait de ses conséquences;
3. Elle est consciente si le degré d'ajustement des moyens à la fin est le résultat d'un processus conscient;
4. Elle est délibérée si le degré d'ajustement des moyens à la fin a été auparavant délibérément fixé par l'individu ou l'organisation;
5. Elle est organisationnelle si elle est orientée vers les buts de l'organisation;
6. Elle est personnelle si elle est orientée vers les buts de l'individu lui-même.

S'agissant des occasions de décider, elles découlent de trois sources :

D'abord, des communications autoritaires émises par des supérieurs;

Ensuite, des cas rapportés par des subalternes;

Enfin, des cas découlant de l'initiative de l'exécutif.

Précisons toutefois que l'art de la décision consiste à ne pas se prononcer sur des questions qui ne sont pas pertinentes, à ne pas rendre de décisions qui ne peuvent être appliquées et à ne pas prendre des décisions que d'autres devaient prendre car les décisions doivent être prises par ceux qui puissent uniquement des aptitudes requises et qui possèdent des connaissances voulues.

2.3.1.4 Leader et manager

Il n'est pas aisé d'établir la ligne de démarcation entre ces deux mots. Certains théoriciens parfois les superposent et d'autres opposent l'un et l'autre. Pour la première catégorie, ces deux réalités traduisent la même chose et de ce fait seraient synonymes. Par contre pour la deuxième catégorie, ces deux mots expriment des réalités non superposables, et par conséquent non similaires. En effet, dans ses récentes recherches, la professeure Hellicy C Ngambi (2008 : 6) s'aligne du côté de chercheurs qui différencient le leader du manager. Elle établit les points de repère suivants :

Manager	Leader
- il donne des directives	il guide les autres en développant leur potentiel
- il fait concurrence	il collabore
-cherche la qualité suivie, voire la monotonie,	il diversifie sa démarche selon la situation en étant flexible
-Ne fait que ce qui lui est autorisé	il use du jugement selon les circonstances
- Ne prend pas de risque	Il prend de risque
-il compte sur sa capacité personnelle	il tient compte de la contribution de son équipe
-il considère le personnel dépensier	il considère les personnes comme biens
Le management cherche le rendement	le leadership vise l'efficacité
-le management s'axe sur l'autorité	le leadership influence les autres a bien faire
- le manager gère	le leader innove

-le manager maintient	le leader développe
- le manager contrôle	le leader inspire
-le manager a une courte vision	le leader a une vision large
-le manager imite	le leader invente
- il accepte le statu quo	il défie le statu quo
- Does things right	Does the right thing
-	Le leadership est un processus et non une position

2.3.1.5 Leader et communication

Communiquer selon Bressy et Konkuyt (2011 : 113), c'est échanger des informations. Cet échange relie entre elles les différentes composantes de l'entreprise que Westphalen (2004 :77), nomme 'communication interne' et entre l'entreprise et son environnement. La communication, facilitée par les nouveaux outils d'information-NTIC-, aide à développer et à réaliser une bonne compréhension entre personnes ou entre collaborateurs. Elle est un processus d'échange d'information et des sentiments entre collaborateurs. Elle rend possible le processus de gestion en lui servant de lubrifiant pour qu'il fonctionne sans problèmes. Un dirigeant compétent est généralement celui qui sait bien communiquer ce que l'entreprise attend de chaque membre. Il y a habituellement deux types de communications : formelles et informelles. A ces deux s'ajoute la communication causale et la communication intermédiaire.

La communication causale est issue d'un chef mais dirigée vers le subalterne dans le but de lui fournir l'information qu'il requiert. La communication intermédiaire, elle est une réponse à la communication causale. On parle de communication formelle celle qui s'effectue au travers des éléments de la chaîne hiérarchique. Elle est dite informelle car elle est celle du couloir.

Toute communication s'assigne quatre objectifs d'après Scott et M. Torrence : d'abord, développer l'acceptation des règles de l'organisation par subordonnés; Ensuite, obtenir des subordonnés le plus grands engagement à leur égard des objectifs de l'organisation; en plus, fournir les données nécessaires à la prise de décisions; enfin, clarifier les responsabilités en identifiant les positions d'autorité.

Par la communication on transmet[18] des ordres et on reçoit des informations. Dans toute organisation, la communication peut prendre diverses formes. Elle peut être soit un entretien (causerie morale, échange de vue), une lettre circulaire, une lettre simple ou toute autre forme de transmission de l'information, d'expression d'idées aux autres.
Pour qu'une communication soit efficace dira Bernard, elle doit réunir quatre conditions ci-après : - être comprise par le récepteur; avoir un but précis; être compatible avec l'intérêt personnel et être conforme aux avis émis.

En plus de ces quatre conditions, Bernard ajoute une cinquième relative à l'intelligibilité d'une communication. Celle-ci dépend de la capacité d'émission de l'émetteur, de la capacité de réception du récepteur ainsi que de l'utilisation dans un langage commun aux deux.
En notre, nous estimons, en complément à ces autres qualités, la communication doit être empreinte de la dignité[19] tant à l'endroit de son auteur que de son destinataire.

La communication peut se faire soit par écrit ou oralement. Enfin de compte, dans toute entreprise les canaux de communication doivent être portés à la connaissance de

---

[18] Pour avoir plus d'informations sur comment tenir un discours parlé et comment écouter, lire Adler, MJ. 1983. *How to speak and how to listen*. New York: Macmillan Publishing Company.Et sur comment organiser une conference de presse, les techniques de communication comme manager, lire MH Westphalen, 2004. *Le guide de la communication de l'entreprise: Communicator 4è édition*, Paris : Dunod, pp. 162-163,255-442.

[19] Jack et Suzy Welch (2009 : 54), révèlent que le mot de 'dignité' se réfère au désir instinctif de toute personne d'être respectée pour son travail, ses efforts et son individualité.

tous les agents et la ligne de communication ne doit pas être interrompue. Chaque communication doit être identifiée. Dans le cas contraire, la communication engendrera les conflits.

i. Correspondance administrative

L'administration produit une correspondance nombreuse et variée car elle doit informer, s'informer et appliquer la politique de l'entreprise (église), elle doit donner des ordres, elle doit garder des archives. Tout cela recommande l'existence d'une correspondance active. Il arrive de se demander s'il y aurait un style propre à l'administration. Certains estiment qu'il en existerait un et d'autres refusent.

Catherine,M., par exemple disait que « la rédaction administrative est un genre littéraire. Elle a ses lois et ses règles comme l'oraison funèbre a les siennes ». De ceux qui nient son existence s'aligne Gandouin qui rétorquait : « je ne crois pas qu'il existe un style administratif, il y a un style tout court, on écrit bien ou on écrit mal.

ii. Caractères généraux de la correspondance administrative

Pour que tout écrit ou texte administratif ait un cachet spécifique doit avoir les caractères généraux suivants : dignité; respect; sens de responsabilité; courtoisie; objectivité; précision; clarté; concision; prudence dans le jugement. D'une manière concrète le respect de la hiérarchie se traduit par l'emploi des formules de politesse et de respect. L'emploi du conditionnel est requis. Le sens de responsabilité demande à toute autorité ayant qualité de signer un écrit administratif à relever son identité et sa qualité de signataire, à employer la première personne du singulier dans le secteur public et la première personne du pluriel dans le secteur privé.
N.B.: Il est bien conseillé d'utiliser les parenthèses, les crochets, le point d'exclamation dans la correspondance administrative.

iii. Caractères communs d'une lettre administrative

La demande d'emploi doit être écrite à la main; l'identité de l'expéditeur doit être précisée; le lieu et date doivent être indiqué; la référence de la lettre et son objet doit être visualisés;
les indications complémentaires : l'adresse du destinateur et la signature de la lettre devant être précisées.
S'agissant du Procès-verbal, du Compte rendu et du rapport, disons que ces trois documents administratifs présentent beaucoup de traits communs les prêtant souvent à des confusions.

Voici les éléments essentiels qui les distinguent entre eux : le Procès-verbal est toujours un document écrit tandis que le Compte rendu et le rapport peuvent être dressés verbalement ou par écrit. Le rédacteur d'un Procès-verbal enregistre ce qui a été dit ou ce qui a été fait devant lui. Il doit faire abstraction de tout sentiment personnel. Le Compte rendu est un récit, un exposé de fait, de discussion de travaux auxquels le narrateur à assister personnellement. Le Compte rendu est aussi une description et se termine sans formuler des propositions d'actions. Le rapport quant à lui est un document complexe, il part des faits réels qui doivent expliqués avec clarté et objectivité. A partir des effets, il devient une démonstration, c'est pourquoi sa rédaction doit être ordonnée avec une logique rigoureuse. Il aboutit à une conclusion dans laquelle le rédacteur expose les décisions à prendre ou formule de vœux des suggestions de demandes et critiques.

Voici, en guise d'un modèle parmi tant d'autres, un guide d'élaboration d'un rapport de stage. Ce rapport doit avoir les rubriques importantes suivantes: Identification, évaluation de la connaissance acquise, évaluation des activités, évaluation des attitudes, suggestions, conclusion générale.

* Identification : trois éléments fondamentaux seront pris en compte

- La connaissance du lieu du stage ou la présentation succincte de la paroisse où on passe le stage;
- Identité de l'étudiant
- Identité de l'encadreur

* Évaluation de la connaissance acquise durant le stage en répondant à la question suivante : comment mon intégration dans la Paroisse a-t-elle été faite

* Évaluation des activités

L'étudiant répondra aux questions suivantes : Comment de temps ai- je consacré aux activités par jour, par semaine, par mois durant tout le stage. Pour cette fin, le stagiaire doit se munir et disposer à chaque instant d'un carnet de relevé journalier des acticités; Mais suis- je senti capable d'écoute, de discernement, de conseil; suis-je satisfait de moment de stage? De quelle manière ma vie intellectuelle avait des relations avec mes actions pastorales.

*Suggestions contiennent les perspectives d'avenir, les impressions générales sur la période de stage.

- A quelle action pastorale ai-je consacré beaucoup de temps ?
- De ces actions pastorales quelles sont celles qui m'ont été confiées ou recommandées explicitement par d'autres
- Quelles sont celles que j'ai réalisées de ma propre initiative ?
- Dans quelles actions me suis-je senti plus à l'aise ?
- Quelles sont été mes meilleures réussites et quelles en furent les raisons ?
- Dans quelles action me suis- je senti mois à l'aise et où j'ai rencontré plus de difficultés ?
- Quelles en ont été les causes ?
- Ces difficultés sont- elles dues à mes connaissances, ou à mes comportement ?
- Qu'est-ce que je peux entrevoir présentement moyen pour palier à ces difficultés.

- Y a-t-il des actions pastorales que je n'ai pas pu réalisé
- Y a-t-il cohérence dans toutes les activités pastorales réaliseés
- Quelle place occupe mon activité pastorale dans l'ensemble de toutes les activités
- Quelles sont ou quelles ont été les actions pastorales que j'ai posé en collaboration avec d'autres pasteurs ? Si oui, leur collaboration m'apparaît-elle satisfaisante ?
- Comment puis-je décrire mes relations avec les laïcs à quoi j'ai eu à collaborer durant ma période de stage? Ai-je suscité des nouveaux collaborateurs ? Qu'est-ce que je crois avoir apporté au pasteur et aux laïcs avec qui j'ai eu à collaborer durant toute ma période de stage ?
- Ai- je connu dans situation de conflits ? Si oui comment ai- je réagir à cette situation ?
- Ai- je eu l'occasion de tenir avec d'autres personnes dans conversation concernant leur vie de foi?

*conclusion générale.

Pour parvenir à réunir les éléments devant permettre au stagiaire de rédiger son rapport de stage, il y a la nécessité pour lui de posséder un carnet de bord ou cahier de relevé journalier d'activités lors de stage par l'étudiant.

2.3.2 Les vingt et une lois pour un leadership réussi

Ces lois s'inspirent de John C Maxwell[20]. Ces lois ne sont pas universelles. Elles représentent pour un modèle parmi tous autres.

1ère Loi : L'aptitude du leadership détermine le niveau d'efficacité d'une personne
Le leader, de par ses atouts, influence puissamment la personne avec qui il vit jusqu'à ce qu'elle produise un bon rendement. C'est pourquoi le niveau d'appréciation du leader dépendrait sa performante capacité à apporter solution aux différents problèmes qui lui sont soumis. C'est dans cette perspective qu'un leader influençant

---
[20] Jc.Maxwell, *Les 21lois irréfutables du Leadership*, s.l, s.d

ses collaborateurs est facilement cru par eux. Il est exempt des suspicions par eux. Ici faut-il remarquer à la suite de Ng'ang'a (2013 : 51), qu'un l'influence ici n'est pas due à la suite de la coercition mais vient de l'admiration liée aux valeurs dont font montre la personnalité du leader. L'influence due à la coercition ou intimidation est souvent éphémère car aussitôt que collaborateur s'éloignera de la sphère du leader.

2ème Loi : L'influence est la véritable mesure de leadership ni plus ni moins
On ne peut pas parler d'un leader s'il ne jouit pas d'une forte influence positive auprès des gens de son milieu. Ace titre, le leader devient-il la personne traînant à sa suite la masse.

3ème Loi : Le leadership ne se développe pas en jour mais après jour
Le développement d'un leadership est un processus d'apprentissage quelques fois jonché d'essais et d'erreurs instructives. C'est à niveau que le leadership n'est pas produit comme d'un coup de bâton magique mais fruit d'évolution d'expériences. C'est étape par étape, que l'on devient leader au le jour du jour au travers de diverses circonstances.

4ème Loi : N'importe qui peut barrer un navire mais pour tracer un cap il faut un leadership
Un leader ce n'est pas n'importe qui ; on est leader par ce qu'on a des aptitudes et capacités de vaincre les difficultés de la vie afin d'atteindre les objectifs fixés. L'habilité en organisation en devient la clef de voute.

5ème Loi : Quand le véritable leadership parle les gens écoutent
Le leader incarne à la fois le pouvoir et l'autorité qu'il impose automatiquement au groupe. Il est écouté par ses collaborateurs dans la l'exaltante et bonne mise en exécution des ordres qu'il leur donne. Ainsi doit-il avoir des capacités de

communication et de persuasion éprouvées. Le leader convainc par la luminosité et la perspicacité de son argumentaire, lesquelles sont basées sur ce qui est vrai. Cela fait que celles et ceux avec qui il travaille placent leur confiance en lui. Sa compétence accroitra son influence pour que les subalternes sentent librement disposés à lui prêter oreille.

6ème Loi : La confiance est le fondement d'un leadership

Tout leader inspire confiance auprès de ses collaborateurs. La confiance dont il bénéficie serait proportionnelle à son honnêteté et la conviction dont ses collaborateurs placent en son être.

7ème Loi : Les gens suivent naturellement des leaders plus forts qu'eux

Ce sont les prouesses accomplies qui font attirer les gens vers le leader. C'est là le champ magnétique faisant qu'en toute circonstance de la vie des leaders, leurs collaborateurs sont attirés vers eux ou désirent vivre à côté d'eux car les considérant plus forts qu'eux au regard de la compétence dont ils font montre dans la défense des intérêts du groupe.

8ème loi: les leaders évoluent tout avec un parti pris de leadership;

9ème loi: Ce que vous attire sont conformes à ce que vous êtes

10ème loi: les leaders touchent avant de demander un coup de mains;

11ème loi: les potentiel d'un leader est déterminé par ceux qui les sont proches

12ème loi: Seuls les leaders sécurisés délèguent leur pouvoir aux autres

13ème loi: Il faut un leader pour engendrer un autre leader

14ème loi: les gens adhèrent à un leader, ensuite à sa vision

15ème loi: les leaders trouvent les moyens de faire gagner leur équipe

16ème loi: l'impulsion est la meilleure amie d'un leader

17ème loi: les leaders comprennent qu'agir n'est pas nécessairement accomplir

18ème loi: un leader doit être capable de renoncer pour monter

19ème loi: Quand il est aussi important de faire preuve de leadership que de savoir quoi faire et où aller

20ème loi: pour ajouter à la croissance, menez des disciples pour la multiplier, mener des leaders

21ème loi: le manque durable laissé par un leader se mesure à la succession qu'il aura laissée.

2.3.3 L'autorité

Elle est décrite comme le droit de commander et de se faire obéir. L'autorité se rapporte à l'acceptation d'une décision d'en haut à un subalterne. L'autorité en fin de compte et qui est légitime est une force exercée par le truchement de politique établie, des procédures et des règlements.

2.3.4 Le pouvoir

Le pouvoir est la capacité de faire quelque chose, c'est la capacité d'être un agent causal et d'engendrer un changement. Tout leader incarne en lui le sens de l'autorité et du pouvoir. Il est par essence celui chargé d'assurer la volonté de sa troupe pour qu'il apparaisse comme une totalité. Il doit imprimer sa spécificité par rapport à d'autres. Parlant de l'autorité et du pouvoir, Jésus-Christ considère qu'un chef est celui qui se rend serviteur des autres.

L'exercice du pouvoir et de l'autorité serait aussi lié à celui du changement (changement compris ici dans le sens de permutation, de poste, de région...).

Le changement est souvent mal compris par ceux-là qui exercent le pouvoir ou qui en subissent. Nombreuses raisons peuvent être émises à ce sujet surtout de la part de ceux qui résistent. Il s'agit de : habitudes : les gens aiment la routine et penchent à conserver les coutumes, sclérosées soient-elles; les intérêts personnels; la mauvaise compréhension et le manque de confiance : quand les gens ne comprennent pas les implications d'un changement ils y opposent la résistante .C'est pourquoi il faut sensibiliser avant d'annoncer un changement. Enfin, la menace sur le prestige et les relations sociales.

2.3.5 Le décalogue administratif

Dans l'exercice du pouvoir et de l'autorité, il est impérieux de la part de ceux qui les exercent de s'astreindre à une ligne de conduite, compte tenu dans sa réglementation que nous qualifions ici « décalogue administratif ». Nous devons ce modèle à Tidwell, C.A.[21]. Pour lui :

1. Un bon administrateur doit établir et maintenir une communication adéquate. En effet, la communication dans toute organisation est la voie privilégiée d'échange d'informations sur la marche voire l'état de lieu de toute organisation. La communication sert aussi de canaux de donner des ordres et d'en évaluer leur exécution. Lorsque les responsables et leurs collaborateurs ne communiquent pas entre eux, ils laissent cours aux suspicions et soupçons lesquels sont souvent les bases d'entraves destructives des organisations et institutions.

2. Un bon administrateur doit fixer délais clairs et raisonnables pour l'accomplissement d'une tâche. Un travail accompli dans le temps imparti fait gagner de l'argent à l'entreprise et devient par-là la preuve de l'efficacité;

3. Il doit suivre régulièrement l'évolution du travail assigné à ses subalternes. La permanence du responsable motive le subalterne à se mettre résolument à l'accomplissement de son travail. Lorsqu'il éprouve une difficulté, il pourra facilement recourir à l'expertise de son responsable. Il serait aussi possible que tout agent serait paresseux s'il ne sent pas la présence de son responsable.

4. Un bon administrateur doit fournir de l'aide aux travailleurs quand ils en font une demande;

---
[21] C.A. Tidwell, *Church Administration: Effective Leadership for Ministry*. USA: Broadman Press, 1985, pp. 242-246.

5. Il doit encourager les travailleurs à demander de l'aide d'une manière responsable. C'est pourquoi, il ne doit accueillir avec amour ceux se confiant à lui pour une assistance dans l'exercice de leur travail.

6. le chef doit développer chez les travailleurs l'esprit de recherche de solution. En fait, le responsable n'exécute pas le travail de leurs subalternes mais les éclaire sur la raison de leur insuccès;

7. Le chef s'attaque aux problèmes et non aux personnes. Beaucoup de responsables commettent d'amalgame et de procèdent aux comparaisons gratuites alors que gens ne sont jamais identiques ni de fonction ni de caractères et d'aptitude. Lorsque un agent commet une erreur ne le lier pas d'emblée s'il vous plaît ni à son statut marital; ni à son âge ni moins à son sexe et son appartenance ethnique, raciale, politique et religieuse.

8. Un bon administrateur doit chronométrer ou doser les conseils et remarques qu'il donne aux travailleurs. Tout responsable n'aime jamais être réprimandé devant ses subalternes.

9. Un bon administrateur doit éviter des futilités. Il doit se focaliser sur les taches essentielles selon son cahier des charges.

10. Un bon administrateur doit prendre à partir des erreurs commises pour s'en servir d'expérience instructive et constructive.

2.3.6 Leadership ecclésiastique

Il existe autant de textes bibliques relatifs à la recherche de leaders[22]. En effet, à la suite de David Dixon[23] , ce sous point, se propose de nous aider à 'comprendre les faux mécanismes et les systèmes humains qui ont remplacé ou déformé le plan initial de Dieu' en matière managériale en milieu ecclésiastique[24]. En effet, l'histoire d'Israël et celle de l'Église attestent ensemble que, lorsque Dieu découvre un homme qui correspond à ses exigences spirituelles et qui est prêt à payer le prix du discipulat, Il l'utilise au maximum en dépit de ses flagrantes imperfections. Moïse, Gédéon et David, Martin Luther, Jean Calvin, John Wesley, William Carey et bien d'autres encore n'en firent pas exception.

Ainsi la nature surnaturelle de l'Église ne réclame-t-elle pas d'un leadership qui dépasserait les limites de l'humain. Et pourtant, n'a-t-on déjà jamais connu une aussi grande pénurie d'hommes oints de l'Esprit de Dieu et dirigés par Lui, pour répondre à un besoin aussi crucial ? Dans un certain sens, est vrai que ce type de leadership consacré à Dieu a toujours été rare, pour la simple raison que ses exigences sont très rigoureuses. Depuis toujours, l'Église a davantage prospéré lorsqu'elle a eu le privilège d'avoir des leaders forts et spirituels qui attendaient et expérimentaient dans leur service une touche de surnaturel. La carence de tels hommes est un symptôme du malaise qui a saisi l'Église.

---

[22] Ps 75, 7-8; 1 Sam 13, 14; Jer 4,25; 5, 1; Ez 22,30 etc…

[23] Il est membre de la Commission Églises et Ministère de l'Association Baptiste, chargé de visiter les responsables et conseils d'églises pour apporter soutien et conseil. Cfr la préface du livre de Ribe Philip. 2006 :5.

[24] Pour une étude plus fouillée sur le fondement théologique de leadership en milieu ecclésiastique d'après le Nouveau Testament, lire avec intérêt, Richards, LO, Hoeldtke, C. 1980. *A Theology of Church Leadership*. Grand Rapids/ Michigan: Zondervan Publishing House. Pour ces auteurs, l'église lorsqu'elle cesse d'être considérée comme un organisme où chaque membre est lié directement à la tête qui est Jésus Christ, elle décline vers la dérive. C'est ainsi que pour eux le leadership aurait comme tâche principale d'assurer la bonne santé aux membres de cet organisme ; l'identité des leaders est celle des serviteurs, leur méthode consiste à modeler, enseigner avec le but d'édifier ce corps

Dans un monde en flammes, la voix de celle-ci s'amenuisait jusqu'à n'être plus qu'un murmure pathétique. C'est un devoir pressant pour ceux qui détiennent une position de leader de faire face à une telle situation, et de faire tout ce qui est en leur pouvoir pour que le flambeau d'un leadership vraiment spirituel soit passé à des hommes plus jeunes. Le leadership est souvent considéré comme le produit de dons naturels et de traits de personnalité : capacités intellectuelles, forte volonté, enthousiasme. Il va de soi que de tels talents, de tels diplômes universitaires ne peuvent que rehausser grandement le leadership, mais ces facteurs n'auraient autant une importance primordiale chez un leader spirituel. 'Les qualités réelles de leadership se trouvent chez ceux qui sont près à souffrir en faveur d'objectifs suffisamment importants pour réclamer leur obéissance sans réserve' (Sanders 2004 : 13).

Par ailleurs, au regard de Ac 9, 17; 22,21, tout serviteur qui voudrait aspirer au leadership chrétien, cette personne se doit de se soumette secrètement aux conditions posées par Dieu avant que Celui-ci l'honore publiquement. Notre Seigneur a déclaré clairement à Jacques et à Jean que le leadership dans son royaume dépendait de la souveraineté de Dieu. C'est ainsi que dira Sanders (2004 : 14), que 'Les plus hautes positions sont réservées à ceux qui ont rempli en secret les exigences de Dieu. C'est cet élément de souveraineté divine qui engendre un respect mêlé de crainte et une grande humilité de la part de ceux auxquels Dieu a confié un leadership'. Dans le cas contraire, il faut encore ajouter qu'il peut exister un 'leader inversé' si ceux qui détiennent une position de puissance et d'influence négligent de conduire leurs ouailles dans les 'hautes terres' spirituelles, ils entraîneront inconsciemment, mais tout aussi sûrement, vers les bas-fonds car personne ne peut vivre pour lui-même' (Sanders 2004 : 14).

En outre, Mc 10, 42-45 spécifie que le leadership selon Jésus se traduit au travers un 'service mutuel' (Ga, 5, 13). Cette compréhension contrasterait avec la conception du monde du leadership. Pour Jésus, le leadership spirituel implique la souffrance (Mc

10,38), le leader étant 'esclave de tous'. C'est ainsi que le leadership spirituel se caractérise par les éléments ci-après : l'esprit de servitude (Lc 22, 27; Es 42,1-5), la dépendance (Es 42,2; Philippiens 2,7; He 1,3), l'approbation, la modestie (Es 42, 2; 45, 15; Es 6,2],la compassion [Es 42, 3, Lc 10, 31-32], l'optimisme [42, 4], l'onction [Es 42, 1; Ac 10, 38].

En plus, à leur qualité des ' dispensateurs des mystères de Dieu, les leaders chrétiens doivent être conscients, conseille André (1983: 6), de la responsabilité confiée par le Seigneur quant à sa Parole. A ce titre, ils se montreront toujours fidèles en se laissant conduire par Jésus Christ en agissant sous sa dépendance car lui appartenant et appelé à remplir soigneusement le service reçu. Dans le sentiment de grâce, tout leader chrétien doit se sentir appelé à servir en élevant ses pensées vers Dieu le Donateur de toutes choses. En conséquence, le leader chrétien doit considérer le ministère ou la charge qu'il exerce comme produit de la miséricorde en ne se lassant point (2 Co 4, 1).

Bien que les managers modernes considèrent les fonctions occupées comme un mérite dû à leur prouesse et compétence, le leader chrétien se doit de considérer son élévation en fonction et grade comme une grâce d'en haut devant être continuellement renouvelée par sa fidélité à Dieu (2 Ti 2, 15). Il doit servir selon la grâce reçue en faveur des autres (1Pi 4, 10) et de la foi que Dieu a départie à chacun et chacune (Ro 12,3) ou selon la mesure de la règle que Dieu nous départie (1Co 12, 18). Le leader chrétien ne s'appartient pas, il appartient à Dieu et ceux ou celles en faveur de qui Dieu le destine pour qu'il les sert. En fin de compte le leader chrétien imite en dépit de ses limite les voies de dévouement comme Stéphanas (1Co 16, 15-18), d'Epaphrodite (Phl 2, 25-30; 4, 18-20), d' Onésiphore (2Ti 1, 16-18). Il peut aussi imiter la voie d'accomplir ses fonctions par le 'service secret' à l'instar de Lydie (Ac 16, 14-15, 40); de Phobé (Ro 16, 1-2); de Tabitha (Ac 9, 36-42).

Le leadership spirituel en définitif consiste ou consisterait donc en l'application de ces éléments le caractérisant en vue de faire atteindre dans l'amour les objectifs que l'Église s'est assignés. Toutefois, disons qu'un leader chrétien ne devrait pas aussi se passer de faire siens les quelques principes dévolus à tout leader[25] manager : une personne qui sait partir de rien pour bâtir un monument; celle ou celui qui sait bannir la peur; qui sait oser; qui sait faire mieux mieux, qui sait prendre des risques calculés, qui sait contourner la difficulté; qui sait avancer en désordre que de rester sur place, qui n'affronte quelqu'un de plus fort que lui. Elle est en outre une personne capable de lutter contre la pauvreté, une personne coopérant avec les autres entrepreneurs, une personne dotée d'esprit de créativité. Elle doit être celle sait corriger ses erreurs pour avancer, un pragmatique, une personne liant d'amitié avec des individus qui la complètent avec leurs compétences ou talents, donc une personne qui sait choisir ses amis. En plus, elle se doit d'être une personne n'éprouvant pas de la peur de l'éventail, sachant que 'le manque du temps est une perte de temps'. Elle doit par ailleurs reconnaitre que la confiance n'implique pas manque de contrôle et que la pratique de la sanction positive que négative entre dans les prérogatives d'un leader réussi. Elle doit travailler pour la visibilité autour de lui et de ses actions. Enfin, un leader doit être un faiseur des paris ou de défis dans sa vision, sachant 'regarder dans le sens de sa main' en usant de la créativité pour se prendre en charge en chassant la pauvreté.

Si tel devrait être le portrait-robot du leader chrétien, comment le devenir ou l'être ? Une de voie pour y parvenir ne serait que l'arrimage au jargon y relatif. C'est pour pourquoi le chapitre suivant y réserve un mot.

---

[25] Nous nous referons ici à la manière dont Nsaman-O-Lutu formule les principes caractérisant un manager dans sa leçon académique lors des cérémonies des collations des grades académiques de l'UNIC CEPROMAD Bukavu de l'année académique 2009-2010.

CHAPITRE TROISIEME: ADMINISTRATION - GESTION ET SON JARGON

Chaque domaine d'étude use de son jargon technique approprié. La pratique de la gouvernance et de gestion n'en fait pas exception. Ne dit-on pas qu'on n'applique que ce que l'on connaît ? Ce chapitre traite du contenu des concepts essentiels utilisés en gestion et administration. Il s'agit des verbes *administrer et gérer et des substantifs processus administratif, personnalité humaine, organisation, croissance, conflit, motivation et responsabilité.*

3.1 Administrer et gérer

Les verbes 'administrer' et 'gérer' sont souvent synonymes. Le premier dérive du verbe latin *administrare* qui signifie servir, diriger, gérer les affaires publiques ou privées.

Le second signifierait aussi administrer, assurer la gestion, gouverner en acceptant une situation difficile. En droit administratif, l'administration est l'ensemble des règles qui régissent toute organisation. D'une manière générale, la gestion, d'après Franklin (1985), est un processus spécifique consistant en des activités de planification, d'organisation et de contrôle visant à déterminer et à atteindre des objectifs définis grâce à l'emploi d'êtres humains et à la mise en œuvre d'autres ressources.

Graphiquement, « la règle de 6M » représente ce que sont la gestion et l'organisation : moyens humains, matière, machines, méthodes, monnaies (capitaux) et marchés.
De tous ces moyens, tout gestionnaire se gardera à bien gérer les moyens humains.
Il résulte de la « règle de 6M » que la gestion et l'administration est une activité qui transforme les ressources humaines et physiques inorganiques en réalisations utiles et

efficaces. C'est pour dire en substance que les 6M sont au service des fonctions fondamentales de la gestion qui sont : organisation, planification et contrôle.

3.1.1 Processus administratif

Processus administratif

Le processus administratif est un ensemble des techniques qui facilitent l'application de l'effort organisé du groupe et comme un éventail de prise de décisions. Pour Fayol (1841-1925), pour qui la notion classique d'administration ou la 'fonction administrative' reste l'aspect essentiel de la notion du management contemporain[26] (Bressy et Konkuyt, 2011 :71), le processus administratif est le socle de l'administration comprenant cinq éléments : la prévoyance, l'organisation, le commandement, la coordination, le contrôle.

Pour lui, la prévoyance consiste à scruter l'avenir et à dresser le programme d'actions. L'organisation consiste à fonder le double organisme matériel et social de l'entreprise.

Le commandement assure la communication. La coordination relie, unit et harmonise tous les actes et les efforts. Le contrôle veille à ce que tout se fasse conformément aux règles établies et aux ordres transmis. Selon Getzels, le processus administratif, au cours de sa phase active, est l'instrument de l'ambition des individus et de la satisfaction de leurs besoins. Si, d'après James Thompson, la fonction centrale de

---

[26] Cette notion d'après Fayol, *Administration industrielle générale, 1916*, repose sur : administrer, prévoir, organiser, commander, coordonner et contrôler. Il entend par : administrer, prévoir, organiser, commander et contrôler; prévoir : sentir l'avenir, dresser le programme d'action; organiser : constituer le double organisme matériel et social de l'entreprise; commander : faire fonctionner le personnel; coordonner : relier , unir, harmoniser tous les actes et tous les efforts; contrôler : veiller à ce que tout se passe conformément aux règles établies et aux ordres donnés.

l'administration consiste à déceler les buts à atteindre qui sont toujours changeants, la caractéristique majeure du processus administratif doit être la flexibilité.

Pour sa part, James Thompson, étudiant les possibles limites du processus administratif, mentionne le fait que les administrateurs ont trop tendance à considérer l'administration comme de la routine bureaucratique alors qu'elle est le moteur de la performance, de l'organisation.

3.1.2 La fonction administrative

La fonction administrative est quadruple: technique, commerciale, financière et comptable. Si l'on peut se permettre une comparaison de toute organisation ou entreprise en une famille, l'administration jouerait le rôle du père dans le contexte africain lequel donne tout et a droit d'égard sur tout. Cette fonction a droit de regard sur toutes les autres fonctions et activités au sein de l'organisation, lesquelles fonctionnent sous son impulsion et son commandement, son contrôle, son organisation et sa prévention. C'est ainsi que d'une part, les ressources financières et matérielles (techniques) sont gérées suivant les protocoles édictés de suivi et de contrôle. De l'autre côté, les fonctions techniques sont tenues à fonctionner suivant les règles et les lois auxquelles l'administration veille. S'agissant des ressources humaines temporelles et informationnelles, elles sont gérées par la fonction administrative. Quant à l'information, l'administration se choisit les canaux de communication internes et externes. Les procédures de recherche, de circulation et de traitement de l'information sont déterminées à l'avance. Enfin par rapport au temps, les outils de sa gestion sont élaborés, suivis et évalués par rapport aux horaires de travail, aux calendriers, aux périodes des congés, aux agendas prévus.

3.1.3 Le contenu de l'administration

Le contenu de l'administration ressort au travers de 14 principes d'organisation, universels mais adaptables aux situations concrètes que Fayol, cité par Bressy et

Konkuyt (2011 :221), considérait comme conditions d'une bonne administration de toute entreprise.

3.1.3.1 La division du travail

La division du travail est connue aussi sous le nom de cahier de charge, *Job description*, organigramme, ou gestion de temps.

3.1.3.2 L'autorité et la responsabilité

L'autorité et responsabilité consistent à savoir si le pouvoir est réellement perceptible, à percevoir le degré de responsabilisation et d'appropriation en établissant des 'petits responsables' à tout niveau. Il faut reconnaître en fait qu'il n'y pas de mauvaise troupe mais de mauvais chef.

3.1.3.3 La discipline

La discipline comprend les règles morales et le code de conduite où ressortent les fautes et les sanctions

3.1.3.4 L'unité de commandement

L'unité de commandement détermine les donneurs d'ordre, s'assure du respect et de l'exécution des ordres donnés même par les responsables auxiliaires.

3.1.3.5 L'unité de direction

L'unité de direction veille à ce qu'il y ait complémentarité et collégialité et non contradiction dans la direction. Elle apprend aussi à se rendre compte de la codirection.

3.1.3.6 La subordination de l'intérêt particulier à l'intérêt général

Par-là, le gestionnaire ou l'employé s'épargne des intérêts particuliers et divergents en privilégiant l'intérêt général lequel dans la majorité des cas est commun. Elle permet aussi de se passer du mercenariat organisé, du trafic d'influences ou autre.

3.1.3.7 La rémunération du personnel

La rémunération est calculée sur base du rapport entre contribution et rétribution. A ce niveau il sied de se rappeler constamment que la rémunération devrait maintenir la motivation de l'employé laquelle doit être garantie et perceptible.

3.1.3.8 La centralisation et la décentralisation

Qu'est-ce qui est centralisé? Y a-t-il excès de centralisation ou de décentralisation? Y a-t-il ingérence ou usurpation des fonctions ?

3.1.3.9 La hiérarchie

Permet-elle de se rendre compte de quoi doit-on à qui? De qui est chef de qui? De qui on est le chef hiérarchique de qui on est subalterne? De savoir si les autorités respectent-elles la hiérarchie?

3.1.3.10 L'ordre

L'ordre est le pilier ou la base des performances. On y parvient grâce à l'organisation des bureaux, au classement du courrier, à l'entretien des archives, à la sécurité professionnelle, au maintien des conditions matérielles de travail et à la gestion de l'information.

3.1.3.11 L'équité

L'administration a entre autres tâches la répartition des ressources. Elle est aussi la régulatrice prévenant et résolvant les conflits. Connaissant les avantages matériels et immatériels de l'organisation, l'administration veille en conséquence à la satisfaction de tous. Le gestionnaire n'y parviendra que grâce à l'équité en cherchant toujours l'équilibre entre la contribution des employés et leur rétribution, en plaidant la cause des sans voix et en évitant tout ce qui entraînerait un climat malsain. En gestion du personnel par exemple, l'équité devrait s'observer lors du recrutement des agents, du partage des avantages, de l'équilibre ou du rapport entre les mains au travail et les bouches à nourrir.

3.1.3.12 La stabilité du personnel

La stabilité du personnel garantit le mouvement du personnel en conservant l'histoire de l'organisation. Elle se visualise au travers d'un taux de rotation moindre. Elle permet de faire profiter à l'organisation des investissements alloués dans la formation des agents.

3.1.3.13 L'initiative

L'initiative est perçue lors de l'évaluation. Elle consiste en la capacité d'innovation de l'agent, en sa régularité au travail, en des initiatives innovatrices entreprises, en ses apports personnels, en la capacité de gérer la boite aux suggestions, en la quantification des actions posées, de sa capacité de motiver le personnel fatigué et démotivé.

3.1.3.14 L'union du personnel

L'union du personnel permet de gérer les ambitions des collaborateurs qui souvent traînent des agents derrière eux. Elle permet aussi de canaliser les revendications selon les conventions collectives. Notons en effet que savoir gérer les ambitions des collaborateurs serait une tâche ardue surtout lorsque les collaborateurs seraient les amis du chef. A la suite de la deuxième loi du pouvoir d'après Greene (2009 :8), les amis, par le penchant d'envie trahissent facilement leur chef.

3.2 La personnalité humaine

Parler de la personnalité humaine correspond à parler de la nature humaine. La personnalité englobe tout ce qui a trait à l'essence humaine : ses dimensions, ses limites, ses caractéristiques générales, son action, ses réactions qu'elle manifeste devant sa destinée, ses responsabilités, devant le changement, le conflit, le travail, les autres personnes, le milieu, l'organisation, ...).

D'après certains théoriciens, l'homme est un organisme. Argyris (Boucher 1991) le définit comme un organisme vivant. Hanlon (Boucher 1991) le considère comme un organisme ouvert. Bennis (Boucher 1991) quant à lui le prend comme un « animal résolveur » des problèmes. Maslow (Boucher 1991) résume l'essence de l'homme en un composé d'être et de devenir. Les théoriciens qui abordent l'unicité de l'homme reconnaissent tous l'individualité propre de chacun et l'existence de différence individuelle.

Hanlon (Boucher 1991) et Maslow (Boucher 1991) par exemple accordent à chaque individu une unité intégrale et Getzels (Boucher 1991) quant à lui déclare qu'il n'existe pas deux individus semblables. Pour Follett (Boucher 1991), l'être humain a des sanctuaires très profonds. Quand on étudie les besoins humains du point de vue de leur nombre et de leur définition. Bernard (Boucher 1991) considère que le grégarisme est le besoin fondamental de l'homme. S'agissant de besoin, ils sont groupés en grandes catégories : besoins périphériques et besoins centraux dont la centralité est fonction du style, de croissance individuelle et d'un état de satisfaction d'un besoin. L'homme a besoin d'être cru, respecté, apprécié et de se sentir important. Il a besoin de se sentir être un tout et capable de décider de ses actes, il a soif d'être en équilibre. Enfin de compte, la personnalité humaine d'après Argyris (Boucher 1991) est la configuration de besoins, de valeurs et des aptitudes. Le comportement humain en définitive est toujours influencé par le facteur émotif.

3.3 L'Organisation

3.3.1 Considérations générales

L'organisation en soi est un système qui est un ensemble d'individus accomplissant des fonctions distinctes interalliées et coordonnées dans le but d'accomplir une tâche. L'organisation peut avoir des facettes : elle est latérale lorsque les politiques sont déterminés hors de sa compétence et lorsque la coopération est le fruit d'un consensus, d'un traité ou d'un contrat; elle est scolaire lorsque les politiques sont déterminés à l'intérieur de sa structure interne et lorsqu'elle est verticale, hiérarchique et articulée. Le rôle de toute organisation est la création de milieu psychologique qui permet à ses membres de prendre de décision en fonction des objectifs. Les différents éléments constitutifs de toute organisation sont les suivants : la structure- le processus d'observation et de mesure- processus de communication et le processus de prise de décision.

Hanlon (Boucher 1991) résume les fonctions de l'organisation en quatre activités : l'organisation doit avoir à fixer ses buts; planifier les étapes pour les atteindre; évaluer les progrès; résoudre les problèmes éventuels. Il importe maintenant de dire un mot sur la planification dans toute organisation. Pour toute planification trois méthodes peuvent être utilisées.

La première consiste à confier un seul individu le soin d'élaborer cette planification. Une telle méthode demande de temps mais elle assure un contrôle étroit et engendre de dirigeants capables.

La seconde consiste à accueillir des idées des subordonnés et à mettre la dernière main après. C'est sans doute la pratique la plus populaire chez les dirigeants parce qu'elle favorise l'émergence de bonnes idées et individualités cachées.

La troisième consiste à laisser les subordonnés élaborer la planification pour la soumettre aux supérieures pour l'approbation uniquement. Les dirigeants sont ainsi dégagés de certaines tâches et les subordonnés sont invités à développer leur talent. Cette dernière procédure de planification est dite participative car elle permet au groupe de prendre des décisions.

S'agissant de l'organisation, il importe de rappeler qu'organiser c'est créer des relations efficaces entre personnes de cette manière qu'elles accomplissent dans un environnement donné. Comme suggère cette définition la fonction d'organisation a pour objet de réunir de façon ordonnée des ressources humaines et matérielles de les disposer en une configuration bien coordonnée en vue de la réalisation des objectifs. En d'autres termes, l'organisation égale division du travail, étendue du pouvoir hiérarchique directe, délégation d'autorité et de responsabilité.

La division du travail consiste à partager la charge en petits travaux élémentaires entre plusieurs personnes. La délégation de l'autorité et de responsabilité se traduit habituellement par l'exercice du pouvoir centralisé ou décentralisé. La centralisation tend concentrer la prise des décisions au sommet de l'organisation. Alors que la décentralisation disperse les prises de décisions et de l'autorité partout et plus bas dans la hiérarchie de l'organisation.

3.3.2 Les avantages de la décentralisation

Une situation décentrée met l'accent sur la délégation de la prise de décision et allège la charge de hauts dirigeants. La décentralisation favorise le développement de généralistes et encourage les relations et les liens personnels plus étroits. Elle accroît l'efficacité car les dirigeants sont proches des activités, elle répartit enfin les risques possibles d'une perte du personnel.

3.3.3 Les avantages de la centralisation

La centralisation confère pouvoir et prestige aux hauts dirigeants. Elle favorise l'uniformité dans les politiques, dans les pratiques et dans les décisions. Elle encourage la pleine utilisation des spécialistes du siège. Elle minimise la duplication des fonctions. Elle réduit le risque de voir que les actions s'éloigner petit à petit de la ligne de conduite. Elle favorise une forte coordination.

3.4 La croissance

Pour qu'il y ait croissance, trois éléments doivent être pris en compte : la capacité de communication, la bonne volonté des membres et le but commun des membres. Pour qu'il y ait croissance, il faut que le facteur de motivation concourt à l'équilibre général et à la fierté d'appartenir à cette organisation d'un côté, il faut qu'il y ait équilibre entre « être » et « devenir » des membres de l'organisation de l'autre côté.

3.5 Les conflits

3.5.1 Considérations générales

Les avis sur le bien-fondé de l'existence de conflit[27] sont quelque fois divergents en milieu de gestion. Pour certains (Taylor par exemple), le conflit n'aurait pas de raison d'être et devrait être banni aussitôt qu'il couve et s'extériorise. Pour d'autre par contre (Follett), le conflit est lié à la survie de toute organisation et devrait être exploité positivement .pour la croissance de l'institution au sein de laquelle il apparaît. En effet, les sources des conflits dans les organisations sont nombreuses et ils sont liés à la survie de toute organisation. En effet, Thompson constate que dans les organisations bureaucratiques, la majorité de conflits sont inspirés des visées

---

[27] W.Backus,*Bien communiquer pour mieux vivre,Besançon, Empreinte,1989 pp123-142.,*

personnelles plutôt par les objectifs propres à l'organisation. Getzels soutient que les conflits sont intrinsèques à l'individu. Argyris (Boucher 1991) pour sa part, voit en la frustration comme source de plusieurs sentiments de conflits.

Pour Simon (Boucher 1991), après avoir observé le fonctionnement des organisations religieuses, mentionne qu'il peut exister les conflits entre la loyauté aux objectifs et celle à l'organisation. S'agissant des conflits nés des effets de la structure administrative, **Fayol** rapporte que la dualité des commandements est une source perpétuelle des conflits. Les conflits peuvent provenir aussi de la perception divergente de la réalité par des personnes exerçant une fonction hiérarchique.

Simon (Boucher 1991) propose quatre moyens d'aplanir les conflits :

Primo, l'utilisation de l'unité de commandement où chaque individu ne reçoive que des ordres d'un seul supérieur;

Secundo, l'utilisation de l'unité de commandements dans le sens plus restreint de manière qu'un individu reçoive des ordres de plus d'un supérieur mais qu'en cas des conflits, il ne
relève que d'un seul de ses supérieurs;

Tertio, l'utilisation de la division de l'autorité qui a pour effet d'assigner l'autorité aux différentes unités de l'organisation;

Quarto, l'établissement d'un système de préséance qui assujettit un individu à tous les individus d'un rang supérieur au sien.

Follett(Boucher 1991)de sa part propose une démarche de la résolution des conflits au sein des organisations : d'une part, l'utilisation de la coercition faisant qu'un de deux éléments en conflits perd et l'autre gagne tout, et d'autre part, intégrer des tendances opposées par le moyen d'une solution totalement différente de celles de deux parties en cause

Mc Gregor (Boucher 1991) constate que la santé d'une organisation ne découle pas nécessairement de l'élimination de conflits ouverts. Les conflits peuvent avoir un caractère positif. En effet, selon Likert (Boucher 1991) les conflits et divergences d'opinion existent toujours au sein d'organisation dynamique par le fait que les uns et les autres sont essentiels au progrès, à la fixation de nouveaux objectifs et à l'élaboration de nouvelles méthodes. Pour arriver à des décisions ou à de solutions qui seront appliquées d'une façon efficace, il serait préférable de faire étroitement l'usage des conflits plutôt que d'essayer de les éliminer, cela pourrait se réaliser en établissant des communications empreintes de franchise, un climat de confiance, des supports mutuels et en respectant les différences individuelles et les avantages liés à chaque échelon de l'exercice du pouvoir. Ainsi, Ronald et Linsky (2002 : 101), tout en reconnaissant que les conflits accoucheraient des blessures (*casualities*), reconnaissent-ils cependant qu'ils sont générateur ou moteur du progrès humain. Ils nous le rendent en ces termes : *'... Conflicts can generate casualities. But deep conflicts, at their root, consist of differences in fervently held beliefs, and differences in perspective are the engine of human progress'*

3.5.2 Causes des conflits dans les entreprises

D'une manière générale, les conflits sont liés à la survie de l'organisation et sont d'origines diverses. Ces conflits peuvent provenir soit aux différences des objectifs, de l'interdépendance de groupes, soit des différences de perception ou des ambitions personnelles démesurées.

Avant de comprendre comment les gens réagissent devant les différents conflits, Victor Thompson constate que « dans les organisations bureaucratiques, la majorité des individus sont inspirés par des visées personnelles plutôt que par des objectifs propres à l'organisation ».

Argyris (Boucher 1991) de sa part voit dans la frustration la source de plusieurs conflits. Tandis que Bernard (Boucher 1991) attribue aux différences de nombre de codes moraux et individuels les conflits intergroupes.

La dualité de commandement rapporte Fayol (Boucher 1991) est une source perpétuelle de conflits. Les conflits d'ordre ou entre structures formelles et informelles.

Devant les conflits, les personnes y réagissent par quatre mécanismes de défense à savoir : l'agression, régression, résignation, compromis.

Par l'agression, on entend le comportement consistant à attaquer la personne qui a provoqué votre hostilité. L'agression comprend la violence physique mais la plus part de cas dans le domaine de la gestion, l'agression est non violente qui consisterait par exemple à repandre des faux bruits sur d'autres personnes, d'accuser ouvertement les autres, dénigrer un point ou un programme de l'autre, le chantage.

La régression par contre se caractérise par le retrait ou la démission voilée. La résignation de son côté est un abandon pur et simple et en croyant facilement qu'il ne sert plus à rien d'essayer. Le compromis enfin implique de changer l'objectif réellement ou symboliquement pour atténuer la frustration.

Les conflits en résumé, en soit dans une organisation ne sont pas à considérer toujours comme un mal à l'état pur car l'existence de conflits et les divergences d'opinion existent toujours au sein des organisations dynamiques. Dans un sens, les conflits lorsqu'on les positive, se reconvertissent en stimulus de la créativité managériale contribuant à l'amélioration de la gestion en rendant conscient chaque concerné de ce qu'il voit, de ses raisons, de ses limites et performances, de son identité propre en vue d'innover ses prestations attendues.

3.6 La motivation

Lorsqu'on parle de motiver quelqu'un on renvoie à la possibilité de créer des relations entre les caractéristiques de l'homme et entre les caractéristiques de son entourage afin de susciter un type déterminé de comportement. Pour qu'un individu soit très motivé, il doit sentir que les objectifs de l'organisation lui sont significatifs et que sa tâche particulière contribue de façon non équivoque à leur accomplissement. C'est Templar (2007 :55-57) conseille au manager d'encourager ses collaborateurs car dit-il 'un groupe devient une équipe lorsque chacun de ses membres a suffisamment confiance en lui et en ce qu'il apporte pour reconnaitre et louer les qualités des autres'. En fait les agents sont reconnaissants à leurs chefs hiérarchiques lorsque ces derniers leur adressent un remerciement après un travail bien. C'est pour eux une source de motivation morale et à moindre coût l'incitant à bien exécuter leur boulot. Le responsable devrait apprendre à encourager ses collaborateurs. Car être un manager est un rêve minimaliste et formuler les encouragements verbaux aux agents aident les managers à créer une bonne équipe en utilisant le moins de ressources possible car, pour Templar (p.56), 'féliciter les gens ne coute rien. C'est une ressource instantanément remplaçable, qui ne disparait jamais, qui marche invariablement à 100%, qui se révèle incroyablement simple à mettre en œuvre et ne prend pas de temps'. En outre, les managers lorsqu'ils créent une bonne ambiance par des signes de politesse, de gentillesse, de bonté, de respect, de comportement civilisé et de dignité, concourent à cultiver davantage la motivation de ses collaborateurs. A ce sujet, concède Templar (p.73) aux managers :''Vous n'êtes rien sans vos collaborateurs. Avec eux, vous êtes une équipe''. Les encouragements verbaux adressés avec simplicité au personnel un ferment insoupçonné pour la motivation, soubassement de leur productivité et rendement. Managers, valorisons cette denrée à notre portée.

En outre, la motivation parmi les membres d'un groupe est positivement proportionnelle à la loyauté d'un membre du groupe vis-à-vis de celui-ci. Les élans de motivation desquels découlent de perception des attitudes, des valeurs et des buts du groupe de travail de l'individu. La motivation humaine ne cesse jamais et passe simplement d'un niveau à l'autre suivant l'amélioration des conditions. Il y a deux types de relations motivationnelles : celle basée sur des récompenses ou des punitions extrinsèques et celle axée sur des récompenses intrinsèques inhérentes à l'activité elle-même.

Getzels (Boucher 1991) mentionne les sanctions externes et internes comme deux moyens d'accroître la motivation.

3.7 La responsabilité

D'une manière générale, la responsabilité dépendrait du degré de l'engagement qu'a l'individu à l'égard d'une organisation déterminée. Pour Fayol (Boucher 1991), la responsabilité est un corollaire de l'autorité, elle est d'ailleurs sa conséquence naturelle, sa contrepartie nécessaire. Deux définitions de responsabilité sont proposées par Bernard (Boucher 1991) :
d'une part la responsabilité peut être une condition d'ordre émotif procurant à un individu un sentiment de malaise aigu soit par suite de l'incapacité de réaliser ce qu'il pressent devoir moralement faire, soit par suite de pressentir que ce qu'il est en train de réaliser est moralement prohibé. D'autres part, un motif qui procure à un individu un sentiment de malaise aigu soit suite de l'incapacité de réaliser ce qu'il pressant de voir moralement faire, soit par suite de ce qu'il est en train de réaliser ce que moralement il ne devrait pas faire. De l'autre côté, la responsabilité est le pouvoir particulier et privé qui peut superviser la conduite de l'individu placé sous l'influence des désirs et d'impulsions contradictoires.

La responsabilité dont il est question dans notre ouvrage, est celle décrivant le pouvoir assigné à un individu dans l'exercice de ses fonctions.
Après avoir décrit le bien-fondé de la gouvernance et de la gestion dans la survie de toute entreprise et ce que ces notions représentent, comment le monde protestant les perçoit-il? En quoi ces notions l'ennobliraient? Le chapitre ci-après éclaire nos lanternes à ce sujet.

CHAPITRE QUATRIEME: RÉGIMES D'ORGANISATION ECCLÉSIASTIQUE EN MILIEU PROTESTANT

4.0 Introduction

Ce chapitre dresse l'état structurel de formes de gouvernement et de gouvernance au sein du protestantisme. Il est précédé d'une note liminaire laquelle en définit l'épistémologie et son développement. Il justifie la richesse de l'unité et en même temps de la diversité des confessions issues de la Reforme du seizième siècle. Ce chapitre n'aurait aucune prétention de circonscrire le panorama historique du protestantisme étant donné son caractère strictement pratique.

4. 1 Note luminaries'

Dans son commentaire sur 1 Co 11,12, Jean Calvin disait ceci : 'we know that each church has the freedom to establish for itself its own form of government ... The Lord has not prescribed anything specific'[28] had a single arbitrator. Il découle de cette réflexion de Calvin que chaque église aurait la liberté d'élaborer sa propre forme de gouvernement. Par contre pour Jean Baubérot[29] (1996 :13), 'les protestants ne s'accommodent ni de l'ordre, ni du désordre établi'.

Au regard de l'affirmation de cet éminent spécialiste francophone du protestantisme contemporain, apparaît la délicatesse de pouvoir harmoniser la gestion protestante de l'organisation ecclésiastique.

---

[28] Cité dans *Concilium*, 1985, 32/2-3: 277.

[29] J Baubérot (dir.), *L'histoire et la foi*. Paris, Fayard, 1996.

Néanmoins, une réalité demeure : depuis la Réforme[30], l'organisation des églises protestantes n'admet pas de magistère ecclésiastique. Elle ne reconnaissait qu'une seule autorité, celle du 'pasteur' aux responsables religieux car dans le protestantisme aucune autorité n'est supérieure à celle du pasteur. Celui-ci remplit la plénitude du rôle clérical.

D'une manière générale, quoi que diversifiée selon les dénominations, l'organisation des églises protestantes se caractérise par une structure pyramidale d'assemblée d'instance et par un gouvernement collégial. Ce dernier est privilégié dans le protestantisme et traduirait en quelque sorte ce qu'on appelle sacerdoce universel des croyants. A cause de la multiplicité confessionnelle, le protestantisme connaît une tension au niveau de son organisation : celle entre l'épiscopat et le congrégationalisme. C'est pourquoi, Émile Léonard scrutant les structures protestantes y décèle un 'caractère contradictoire' et 'changeant'. Il nous le rend en ces termes :

> 'Les structures du protestantisme peuvent paraître diverses: Églises épiscopales, congrégationalistes ou presbytériennes; 'sectes' immenses ou réduites, mondiales ou locales : peu importe. On a vu qu'il y avait, dans ces situations, manifestations de charismes particuliers, et que le tout est que la vie et l'action de ces rassemblements soient réalisés pour témoigner que Dieu est présent dans, par et pour l'action des hommes; dans sa volonté exprimée par la Bible...Parce qu'elle est dans le monde, l'Église est obligatoirement soumise à une certaine structuration humaine, qui lui est favorable ou défavorable; mais par ce qu'elle n'est pas, dans son essence,

---

[30] La Reforme du seizième siècle serait considérée comme la suite des divisions qu'a connues le christianisme durant son histoire. En effet, Conord (1969 : 21-22) retient que les divisions suivantes se sont produites. D'abord, celle des premiers siècles se rapportant à la doctrine du Christ et à la Trinité, celle du onzième siècle (1054), le schisme d'Orient, ayant trait à l'autorité ecclésiastique. Celle du seizième siècle ou de la Reforme, touchait trois domaines : de l'autorité spirituelle (rapport de l'Écriture et de la Tradition), dans le domaine de la doctrine du salut (foi et œuvres) et des moyens de grâce (rapport entre Parole et sacrements).

du monde, elle n'est soumise et ne doit être soumise qu'à Dieu, dont l'Esprit ' souffle où il veut'. Mais elle ne doit pas oublier que le corps du Christ est un 'corps glorieux', alors qu'elle est un corps terrestre dans son existence, placé dans le monde uniquement comme témoin, de la seule réalité de Dieu et de la valeur normative de son Évangile. Le monde change, il évolue et se transforme; les formes des organisations terrestres sont soumises à la même loi de l'évolution; les structure sont faites pour permettre à chaque organisme de se développer et de s'épanouir dans ses conditions temporelles, au mieux de sa destination. La destination de l'Église est d'être le témoin de Dieu et ses et ses structures doivent lui permettre d'apporter au monde, d'être au monde, ce témoignage. Or les structures de l'Église n'ont subi les changements nécessaires et normaux qu'elles auraient dû subir pour être à même de servir fidèlement Dieu dans un monde, qui est en état de perpétuelles migrations humaines et de constantes transformations intellectuelles et matérielles.

De notre part, au regard de ce scepticisme de Leonard dont je lui concède, je crois en la capacité des responsables en véritables craignant, par l'usage rationnelle de la grâce reçue de l'initiateur de l'Église d'imaginer le régime de gouvernance et de gestion incluant la dimension divino humaine de l'Église.

4.2 Unité et diversité de la famille protestante

Le protestantisme, note Baubérot (1996 : 193), depuis sa naissance, autorise le mariage de ses pasteurs et est conçu comme une grande famille. En effet, la Réforme proclama trois importants mots d'ordre : Dieu seul (Sola Deo), l'Écriture seule (Sola Scriptura), la grâce seule (Sola gratia). Toutes les Églises se réclamant de la Réforme, se reconnaissent en ces trois mots d'ordre lesquels constituent de leurs caractéristiques et identité.

4.2.1 Les grandes caractéristiques protestantes

Le protestantisme est une religion, rappelle Baubérot (1996 : 196), intellectuellement très structurée en dépit de multiples interférences générales d'ordre politique, économique, culturel et religieux qu'il a eu à affronter le long de son développement. Ce qui peut être reconnu est le fait que les églises qui se réclament du protestantisme se reconnaissent au travers des principes suivants : la primauté de Dieu seul, de l'Écriture seule, de la foi et de la grâce avec tout ce que cela implique comme conséquences au niveau ecclésiologique.

4.2.1.1 Dieu seul

Dans le protestantisme, Dieu trine (Père, Fils, Saint Esprit) se fait connaître à chacune et chacun par l'Écriture seul et ne délègue sa grâce à aucune institution. Dépouillée de tout aspect médiateur, l'Église protestante désacralise l'autorité. En outre la théologie protestante, note Baubérot (1996 : 193), établit une distinction entre l'Église visible- institution historiquement et géographiquement située- et l'Église invisible – Corps du Christ qui est au secret de Dieu. Par-là, le protestantisme souligne le caractère relatif de toutes les Églises de même le fait qu'aucune créature ne peut être l'objet de prières ou d'adoration. Aussi noterons-nous que dans cette même optique, l'absence de médiateur possible entre Dieu et l'être humain désacralise le ministère ecclésiastique hormis dans l'anglicanisme. En effet, en milieu protestant, du point de vue ministériel, il existe une différence de fonction et non d'essence entre le pasteur et les laïcs. Le pasteur possède une spécialisation celle consistant à annoncer la Parole de Dieu, administrer les sacrements. Cette spécialisation notons-le ne serait pas son monopole et qu'un laïc, formé à cet effet, peut également exercer. S'agissant de la nomination du pasteur, en général, elle était l'apanage de l'Église locale et non d'une quelconque hiérarchie. Les femmes, dans la majorité des Églises protestantes aujourd'hui, peuvent exercer la fonction de pasteur. Dans tous le cas, le pastorat[31] peut être exercé par des personnes mariées.

4.2.1.2 L'Écriture seule

Au travers de ce principe est traduite l'autorité souveraine de l'Écriture en matière de foi, lequel dans la théologie protestante, est le 'principe formel' de la Réforme. Dans cette compréhension, l'autorité de l'Écriture peut s'opposer à celle de l'Église visible.

4.2.1.3 La foi seule

Au principe formel de l'autorité souveraine de l'Écriture correspond un principe matériel, celui de la justification par la foi obtenue par la seule grâce de Dieu.

---

[31] Relevons cependant que le rôle du Pasteur dans le culte ne serait en aucun cas le même que celui du prêtre lors de la messe. En effet, il n'existe pas de sacrifice de la messe et de qualité spéciale de l'officiant qui le rendrait participant à l'acte de divin d'une façon différente des autres fidèles. L'effacement de tout acteur humain face au ' Dieu seul' est souligné d'où la pauvreté relative des gestes de l'officiant. En outre l'absence d'un prêtre médiateur en milieu protestant marque aussi sa direction ecclésiastique, laquelle s'exerce de façon collégiale que hiérarchique. C'est en d'autre terme que l'autorité d'un évêque protestant est fonctionnelle. Elle s'exerce spécifie Baubérot (1996 : 194) 'intra pares'. En conséquence, ce mode d'organisation veut concrétiser une affirmation centrale de la Réforme : le 'sacerdoce universel des croyants'. Luther à ce sujet n'écrivait-il pas que 'Que tout homme qui se reconnaît chrétien soit assuré et sache que nous sommes également prêtres, c'est-à-dire que nous avons le même pouvoir à l'égard de la parole et de tout sacrement'. Par ailleurs, une autre conséquence est celle-là de fait, dans le protestantisme, est le magistère de fait que joueraient souvent les théologiens. En fait, alors que, dans le catholicisme romain, les théologiens dans l'exercice de leur métier subissent le contrôle de l'autorité ecclésiastique, dans les théologiens protestants, exercent une critique quasi permanente de l'organisation et de la vie de l'Eglise. Cette dépendance du protestantisme à l'égard de ses théologiens fait à la fois sa force (liberté intellectuelle, possibilité de novation, etc.) et de sa fragilité (risque d'intellectualisme, vulnérabilité à la crise du discours théologique, etc).

4.2.2 Les grandes composantes du protestantisme

4.2.2.1 Le luthéranisme

Le luthéranisme date du début de la Réforme. La doctrine des églises luthériennes est celle constituant les grandes affirmations de la Réforme et par ricochet le protestantisme, à savoir : l'autorité souveraine de la Bible, la justification par la foi, le sacerdoce universel des croyants, etc. Le texte doctrinal symbolique de luthéranisme dit 'la Confession d'Augsbourg de 1530, ne fut cependant pas rédigé par Luther lui-même mais par son ami et disciple Philipp Melanchthon (1497-1560).

D'autre part, le luthéranisme confia aux princes l'organisation des Églises et un certain rôle de surveillants. La doctrine de 'deux règnes' (le spirituel et le temporel) insiste sur l'autonomie du temporel. Elle fut facteur de sécularisation et de modernité, mais elle aboutit souvent, au cours de l'histoire, à une attitude plutôt passive des luthériens face au pouvoir politique. La plupart des églises luthériennes dont les membres environnent soixante-dix millions dans le monde principalement en Allemagne et en Scandinavie (Norvège, Suède, Finlande, Danemark), mais également aux États-Unis et dans plusieurs pays africains (Tanzanie, Namibie, Togo, Cameroun, Afrique du Sud et en RDCongo à Kalemie, Goma et Bukavu), sont regroupées dans la Fédération luthérienne mondiale. Celle-ci est fonctionnelle depuis 1947.

4.2.2.2 Le presbytérianisme et la tradition réformée

Les Églises presbytériennes (terme anglo-saxon) et réformées (terme en usage en Europe occidentale) représentent une lignée issue du réformateur Jean Calvin (1509-1564). Les grandes affirmations de cette confession sont identiques à celles de luthéranisme, à la seule différence que les églises presbytérienne ou calvinistes considèrent que lors de la Cène, la présence réelle du Christ dans les éléments de la

Cène (pain et vin) est une présence spirituelle. Cette présence s'opère par le Saint-Esprit et non par une transformation des éléments du pain et du vin.

Par ailleurs, indiquant que tout devait concourir à la gloire de Dieu, le calvinisme favorisa l'esprit d'entreprise, la conduite méthodique, l'ardeur au travail. Plus que le luthéranisme, le calvinisme fut attentif aux problèmes de la cité et favorisa, notamment par son aile puritaine, l'éclosion et le développement de la démocratie. Mais la propension de certains de ses membres à se prendre pour le 'peuple élu' entraîna aussi le mépris racial à l'endroit, pour le cas de États-Unis, des Indiens d'Amérique du Nord; voire discrimination, pour le cas des Blancs en Afrique avec leur politique économique et culturelle de l'apartheid[32].

4.2.2.3 *L'anglicanisme*

L'anglicanisme constitue la forme tempérée du protestantisme (Baubérot 1996 : 199). Il est né en plusieurs étapes mais la plus connue est la rupture d'Henri VIII (1491-1547) avec Rome à la suite du refus papal d'annuler son mariage. L'Acte de suprématie (1534) proclame le roi 'chef suprême' de l'Église d'Angleterre. C'est sous le roi Édouard VI que l'Anglicanisme se protestantise sous l'influence du réformateur strasbourgeois Martin Bucer (1552). L'Église anglicane renferme en son sein trois tendances : La *High Church* ou l'anglocatholicisme, la *Low Church* et *la Broad Church*. Les deux derniers courants sont plus protestants que les premiers.

---

[32] Le mot de l'apartheid appartient à l'aire linguistique afrikaner ou néerlandaise de l'Afrique du Sud. Ce terme dérive de deux mots néerlandais *'apart'* (séparé) et *'heid'* (hood). Il fut pour la première fois mise en usage par l'Afrikaner National Party vers 1930. Cette théorie fut développée par le théologien hollandais Abraham Kuyper (1837-1920). Cfr TB Mushagalusa, John of Damascus and Heresiology : A Basis for Understanding Modern Heresy. Doctoral Dissertation in Theology in subject: Church History, Pretoria: University of South Africa, 2008, p. 235.

4.2.2.4 Le mennonisme

Le terme de mennonisme vient de Menno Simons (1495/96-1561). Il fut un prêtre hollandais qui adopta la Réforme. Il organisa les groupements radicaux, qui furent qualifiés d'anabaptistes (rebaptiseurs) car ils étaient hostiles au baptême des enfants. Ces anabaptistes étaient tantôt pacifiques, parfois violents et reprochaient aux tenants officiels de la Réforme d'être trop inféodés au pouvoir temporel. Refusant tout serment, ils furent accusés de 'danger social', car ils voulaient aussi se retirer du monde pour créer des communautés de 'chrétiens régénérés'. Actuellement les mennonites dans bien des cas sont des 'militants pacifistes actifs'. Cependant, révèle Buhler (1979 : 147), pour certains mennonites il y a sept institutions[33] mais qui ne sont pas les mêmes que ceux de l'Église Catholique Romaine. Il s'agit de baptême, la cène, le lavement des pieds, l'onction d'huile, le couvre-chef des femmes, le baiser fraternel et le mariage.

4.2.2.5 Le baptisme

Les Églises baptistes reposent sur une conception du baptême qui le lie à la 'profession personnelle de la foi'. Un baptisé par immersion est dans cette perspective, un adulte qui s'est converti à Jésus-Christ. Cette conversion étant nécessaire, même s'il est issu d'un milieu chrétien. Le fondateur de la première assemblée baptiste est l'Anglais John Smyth mort en 1612. Les *Pilgrims Fathers*[34]

---

[33] Ces institutions constituent ce que l'Église Catholique Romaine appelle 'sacrements'. En effet, depuis le Concile de Latran (il y a eu au total quatre tenus respectivement en 1123, 1139, 1179, 1215 et qui avaient tous un rôle très législatif en matière de discipline ecclésiastique), cette Église retient sept sacrements : le baptême, la confirmation, l'eucharistie, le mariage, l'ordre, la pénitence et l'extrême-onction. Le Concile de Trente (1545-1563) spécialement le Canon 1 sur les Sacrements, prononce l'anathème sur ceux et celles qui en acceptent plus ou moins de sept.

[34] Cette expression est apparue au début du dix-neuvième siècle aux États-Unis et née d'une référence de William Bradford à un passage de l'Épître aux Hébreux 11, 13 : ' C'est dans la foi qu'ils sont tous morts sans avoir obtenu les choses promises; mais ils les ont vues et saluées de loin, reconnaissant qu'ils étaient étrangers et voyageurs sur la terre'. Cette expression de '*Pilgrim Fathers*' les cent deux passagers qui, en

qui débarquèrent en Amérique étaient dans la partie des baptistes. Roger Williams (1600-1684), le pasteur fondateur de Rhodes Island où furent instaurées la liberté religieuse et la séparation des Églises et de l'État, fut également baptiste. De nos jours, les Églises baptistes sont de tendance évangélique (*evangelical*) et adoptent une interprétation de la Bible souvent qualifiée de fondamentaliste. Les baptistes représentent numériquement la première dénomination protestante des Etats-Unis, comptant notamment beaucoup de Noirs, comme le pasteur Martin Luther King (1926-1968), prix Nobel de la paix en 1964. Les anciens présidents américains Jimmy Carter et Bill Clinton sont successivement prédicateur laïc baptiste et membre d'une église baptiste. Par ailleurs, les Églises baptistes sont des églises protestantes de types congrégationalistes. Pour elles, l'Église locale est l'expression nécessaire et suffisante de l'Église visible dans un lieu donné. Chaque Église locale se gouverne elle-même.

4.2.2.6 Les Quakers

Les Quakers se réclament des idéaux de George Fox (1624-1691). Celui-ci affirmait que le même Esprit qui avait inspiré les rédacteurs de la Bible pouvait donner à

décembre 1620, débarquèrent du *Mayflower*, dont Bradford raconte le geste dans *The History of Plymouth Plantation*. En fait, les ' Pères pèlerins' se trouvaient 35 membres d'une Église séparatiste anglaise de Lyde, dont William Bradford (1567-1657) et William Brewster (1567-1644). Ces chrétiens avaient participé à l'immigration de la communauté libre de Scroby, dans le Notting-hamshire à Amsterdam, sous la conduite de John Robinson (1608). En mai 1609, le groupe des émigrés s'est rendu à Leyde et devait bientôt compter 300 membres. Mais les difficultés d'existence, économiques et religieuses, les incitèrent dès 1617 à envisager le départ pour l'Amérique. Ils nourrissaient l'intention d'y réaliser dans des conditions meilleures le projet d'une communauté, fondée sur la libre adhésion de ses membres. Ils attendîrent d'eux un strict biblicisme et une conduite irréprochable et libre à l'endroit des autorités. Après leur voyage difficile depuis le 01.07.1620 par le bateau Speedwell, lequel quitta Delftshaven et atteignit Southampton, où Speedwell rejoignit Mayflower pour faire route ensemble mais quelques escales après Speedwell céda ses passagers au *Mayflower* le 16.09.1620 lequel accosta le 26.11.1620 à Plymouth Harbour. Notons qu'auparavant, le 21. 11.1620, 41 hommes chefs de familles s'étaient engagés par un contrat mutuel *Mayflower Compact*, lequel constitua la règle de leur nouveau territoire, établissement ou État. Cfr. B.Roussel, 'Pilgrim Fathers' in *Dictionnaire de l'histoire du christianisme*, Paris, Albin Michel, 2000, pp.852-853.

chacun une 'étincelle divine', que la méditation silencieuse et une vie conforme à l'Évangile permettent de découvrir. Le mot 'Quakers' signifie ' trembleurs' connus sous le nom de la 'Société des amis'. En définitive, les Quakers ont poussé à l'extrême le dépouillement du culte protestant et refusent le serment et le port d'armes. D'abord pourchassés, ils se développèrent grâce à William Penn (1644-1718), fondateur de l'État américain de Pennsylvanie, où les Quakers établirent une tolérance quasi absolue et accueillirent des nombreux dissidents. Actuellement, les Quakers sont bien connus par leurs œuvres philanthropiques et leurs actions en faveur des victimes de guerres et pour l'établissement de la paix.

4.2.2.6 Le méthodisme

Le méthodisme est issu de l'Anglicanisme. Son fondateur fut John Wesley (1738-1791). Celui-ci dans son action poursuivait la promotion de la 'religion du cœur'. C'est pourquoi il insistait sur la nécessité de passer par l'expérience de la conversion et de montrer sa 'nouvelle naissance' par une sanctification progressive. Wesley amena également un renouveau de l'évangélisation en allant prêcher hors des paroisses, sur les lieux de travail et d'habitation du peuple. Par ailleurs, le méthodisme se caractérise par une organisation où la cellule de base est la 'classe', laquelle regroupe une quinzaine de personnes. John Wesley dans son élan de vouloir conserver le régime épiscopal, le méthodisme connut des dissidences. Son enseignement fut très implanté aux États-Unis où les *negro-spirituals* et les grands rassemblements religieux, les *camps meetings, lesquels mirent sur pied très tôt des méthodes modernes* d'évangélisation.

4.2.2.7 L'Armée du salut

Le mouvement religieux dit ' Armée du Salut fut créé par le pasteur méthodiste William Booth (1829-1912) à la suite d'une croisade d'évangélisation qu'il organisa en faveur des quartiers pauvres dans l'est de Londres. Tout en n'étant pas une église, elle convie les personnes qu'elle évangélise à adhérer dans les Églises protestantes de leur choix. Ce mouvement chrétien a comme objectif la lutte contre les fléaux sociaux comme la pauvreté, l'alcoolisme, la prostitution, la drogue. C'est dire qu'il se soucie plus des laissés-pour-compte, et des déviants en cherchant à leur apporter un minimum matériel, la dignité morale en les mettant devant le choix de l'Évangile, d'où leur mot d'ordre ' soupe, savon, salut'. C'est dans cette perspective qu'il entreprend des actions sociales telles que des hôpitaux, des asiles, des centres polyvalents.

4.2.2.8 L'adventisme du septième jour

La fondatrice de l'adventisme du Septième fut Ellen Gould Hamon (1827-1915), l'épouse de White. Ellen affirmait avoir reçu du ciel l'explication des textes biblique et insistait sur l'éminent retour du Christ. Tout en restant une Église, l'adventisme du septième jour pratique le baptême des adultes par immersion. Il croit en l'autorité de la Bible qu'il interprète de façon fondamentaliste, il respecte le repos du sabbat (le samedi), l'obligation de la dîme et l'insistance sur les prophéties bibliques. En outre, l'Église adventiste du septième jour prône une réforme sanitaire par l'hygiène, l'alimentation équilibrée, l'abstention d'alcool, et du tabac.

4.2.2.9 Le pentecôtisme

Le pentecôtisme serait le seul mouvement de réveil en milieu protestant initié par un noir en la personne de William James Seymour (1870-1922) à partir de 1906. Celui-ci fut un évangéliste baptiste des États-Unis. Cependant la formulation de sa doctrine fut l'œuvre de Charles Fox Parham (1873-1929). Le pentecôtisme est caractérisé par l'oralité de sa liturgie et de sa théologie, la substitution des témoignages, les chants et les charismes du Saint-Esprit principalement le parler en langues.

4.2.2.10 Les évangéliques

Le terme d'évangéliques, en allemand *evangelisch* est synonyme de 'protestant'. En anglais, *evangelical*, désigne au contraire une orientation théologique et spirituelle issue des mouvement de réveil de xviii, xix et xxè siècles. Il a le souci de maintenir une foi chrétienne intégrale. Il souligne l'inerrance des textes bibliques, et sa lecture littérale. Il s'érige en courant ou mouvement incluant plusieurs des confessions ci-haut citées.

Par leur composante charismatique, les évangéliques mettent leur l'accent sur les dons de l'Esprit et s'opposent au laxisme moral. Ils sont enfin hostiles, par principe, à tout régime clérical et ont une conception très protestante du ministère pastoral (sacerdoce universel), certains jurent jusqu'à même à le refuser.

4.2.2.11 Le libéralisme

C'est un courant de pensée au sein du protestantisme à partir du dix-neuvième siècle. Il découle du développement de la critique biblique caractérisée par la relativisation des formulations doctrinales, la méfiance à l'égard de l'institution ecclésiastique et ses préventions normatives, l'ouverture à la culture et la recherche de points d'ancrage dans les savoirs profanes. Cette mouvance se retrouve au sein du luthéranisme, calvinisme et anglicanisme. Du point de la conversion et de la profession personnelle de foi, ce courant s'insurge contre tout christianisme de conformisme social.

4.2.2.12 Le Conseil Œcuménique des Églises

Le Conseil Œcuménique des Églises, COE en sigle, se veut une union fraternelle d'Églises qui confessent Jésus-Christ comme Dieu et Sauveur selon les Écritures et s'efforcent de répondre ensemble à leur commune vocation pour la gloire du seul

Dieu, Père, Fils et Saint- Esprit. En effet, le COE, regroupe la plupart des Églises autres que l'Église catholique romaine, c'est-à-dire environs 348 Églises (Leuba 2006 : 1007) existant dans plus de cent pays. Cependant beaucoup d'Églises évangéliques n'en font pas partie. Le COE fut créé à Amsterdam en 1948.

Au regard de tous ces confessions et courants au sein du protestantisme, comment les principes de gouvernance et de gestion appliqueraient-ils dans leur gouvernement ecclésiastique? Vouloir répondre à cette interrogation revient à préciser le contenu de trois principaux types de régimes de gouvernement en vigueur dans le monde protestant tels que décrits ci-dessous.

4.3 Formes de gouvernement protestant

Les églises qui se réclament de la Réforme adoptent trois formes de gouvernement. Il s'agit soit de l'épiscopalisme, soit du système synodal ou presbytéral et soit du congrégationalisme.

4.3.1 L'épiscopat

Le développement de l'organisation ecclésiastique serait le produit de l'évolution historique de l'Église à l'attente de la parousie. En effet, quatre phases se dessinent dans le développement de la constitution de l'Église de premier siècle: la phase apostolique missionnaire durant la liturgie est caractérisée par la spontanéité évangélique avec la présence des ministres itinérants tels que les prophètes, les évangélistes et docteurs; l'épiscopat collégial; l'épiscopat unitaire; l'épiscopat monarchique. L'épiscopat collégial a pris cours à partir de 64 jusqu'à la fin du premier siècle. On assiste à la direction de l'église locale assurée par les presbytres (anciens et diacres). Durant cette phase, l'église reste une fraternité où les fonctions sont réparties selon les fonctions selon les charismes de chacun. L'épiscopat unitaire s'étendit entre 100-150 après JC. Au cours de cette phase se fait sentir la nécessité de l'ordre dans le culte face aux faux docteurs gnostiques. L'épiscopat monarchique concentre le pouvoir ecclésiastique dans les mains de l'évêque qui devient pasteur président, juge et maître. Mais celui-ci était élu par sa communauté et consacré par les anciens de son église locale. C'est cette conception qui sera remise en vedette par l'église anglicane et luthérienne au 16è siècle et où on reconnaît trois niveaux hiérarchiques : évêque, prêtre et diacre. Les communautés anglicanes, méthodistes libres et unies de la RD Congo, du Rwanda et du Burundi ainsi que les Disciples de la RD Congo usent de ce régime de gouvernement de l'Église.

4.3 .2 Le presbytéral synodal

Le presbytéral synodal est l'organisation ecclésiastique dans le protestantisme principalement dans les églises réformées et dans certaines églises luthériennes. Cette forme représente une organisation de type intermédiaire entre les deux pôles extrêmes de l'épiscopalisme et du congrégationalisme. Dans ce système de gestion ecclésiastique, le conseil presbytéral est composé de nombre égal des pasteurs et des laïcs. Lors du synode, celui-ci est constitué pour la moitié de pasteurs et par l'autre moitié de laïcs. Ce système est dit presbytéral -synodal car il connaît deux niveaux essentiels : presbytéral c'est –à- dire au niveau local de chaque paroisse, synodal qui représente les échelons régionaux et nationaux ainsi que les assemblées qui y correspondent. Ce système donne un certain poids aux laïcs dans la vie de l'église mais cela n'empêche pas en fait la prépondérance des pasteurs théologiquement bien formés et occupés à plein temps par l'église. C'est là l'une des faiblesses de ce système.

4. 2. 3 Congrégationaliste

Ce régime d'organisation ecclésiastique place ses racines dans le puritanisme. Le puritanisme était issu de l'Église Réformée d'Hollande. Persécutés, ses membres émigrèrent en Angleterre. De là certains puritains s'embarquèrent vers l'Amérique du nord au 16è siècle à la recherche de la nouvelle Jérusalem où ils pouvaient librement exprimer leur foi. Ils y constituèrent les premières congrégations autonomes. En effet, d'après Baubérot, les églises congrégationalistes voient dans chaque église locale pleinement libre de toute ingérence[35] extérieure en ce sens que chaque église locale nomme elle-même son pasteur, ses docteurs et ses anciens. Elle se prononce elle-même sur les membres indignes. C'est pour dire en réalité que le congrégationalisme prône une autonomie totale (juridique, financière, gestion du personnel et coopération) de l'église locale. Cette forme d'organisation se retrouverait essentiellement dans les églises de type baptiste d'Amérique et d'Angleterre dès et au courant du 17è siècle et au sein des églises pentecôtistes dès le début du 20è siècle.

Après ce survol sur le système de gouvernance et de gestion en milieu protestant, comment les outils et principes de gouvernance et du management peuvent-ils être appliqués au niveau d'une paroisse protestante, la cellule de base, et partant de toute institution ecclésiastique protestante donnée? Le menu du chapitre ci-après nous en donne la quintessence.

---

[35] Pour sa part Jean-Paul Willaime, dans le congrégationalisme, l'Eglise, c'est la congrégation des fidèles rassemblés en un lieu donné. Chacune de ces Eglises locales ou paroisses est autonome et souveraine. Pour elles toutes les organisations supra locales, telles que les fédérations d'Eglises, n'ont qu'une autorité fonctionnelle car formant des superstructures non dotées de légitimité ecclésiastique.

CHAPITRE CINQUIÈME: LE PASTEUR ET LA GESTION D'UNE PAROISSE

5.1 Introduction

Le pasteur joue le rôle de tout gestionnaire ou de tout responsable. Pour ce fait, en plus des rôles dévolus à tout leader-manager, il doit s'efforcer de remplir les cinq caractéristiques traditionnelles d'un chef telles que définies par Gaines Dobbins à savoir : une personne exceptionnelle; ayant des éléments d'autorité; faisant preuve des capacités et talents extraordinaires; possédant certains traits de personnalité attirant l'attention des autres; exerçant d'une manière volontaire ou involontaire une influence sur les autres. Pour Dobbins en plus, la grandeur d'un chef séculier est estimée en fonction de sa capacité de diriger les gens dans la réalisation de leurs actions mais celle de responsable chrétien ou spirituel se mesure par son obéissance à la volonté du Christ et son emploi de don de l'esprit en vue de l'accomplissement de la responsabilité qui lui est confiée. Le leader chrétien se distingue non pas par une position de prestige ou de pouvoir mais par le service dans l'esprit de sacrifice et de rédemption. On dirait en d'autres termes que l'exercice du pouvoir pour un pasteur serait empreint de l'esprit de sacrifice. Un pasteur est envoie de diriger sa paroisse ou son église s'il sait aider le groupe dans l'accomplissement de son but avec un minimum de frictions et un grand sens d'unité et d'épanouissement. En substance, un pasteur ne travaille pas pour diviser les chrétiens sous sa direction, mais pour canaliser leurs aspirations (exprimées lors des assemblées paroissiales[36] ou dans les réunions de différents services ou groupes de sa paroisse). Il ne doit pas marteler des gens de son entourage, mais leur prouver dans l'exercice de leurs charges l'importance de ce qu'ils ont à faire.

---

[36] Selon que nous le conseille Buhler (1979: 167-168), les rapports suivants doivent être impérativement présentés par le pasteur lors de l'assemblée paroissiale ordinaire : financier, statistique, d'activités des services paroissiaux, de construction, de nouvelles activités en perspective.

5.2 Le pasteur et ses collaborateurs

Les collaborateurs du pasteur sont les chrétiens de son entourage immédiat. Ce sont ces gens qui l'assistent dans l'accomplissement de ses fonctions de berger, d'enseignant, de prédicateur, d'administratif et de gestionnaire. Généralement, les collaborateurs du pasteur sont groupés de la manière suivante : les anciens, les diacres, les évangélistes, les présidents des organes spécialisés et des commissions pour les églises bien organisées. Dans certaines communautés le conseil des anciens constitue l'organe de conception, d'orientation de toute la paroisse. Les diacres assument quant à eux les fonctions dévolues aux commissions ci- haut citées. C'est le pasteur qui préside le conseil des anciens. Il considère ces derniers comme des partenaires pouvant l'assister dans l'accomplissement de diverses tâches assignées à l'Église. Les rapports que le pasteur entretient avec les anciens, les diacres et les responsables des organes spécialisés doivent être intimes et empreints de respect et de circonspection. En sa qualité de président, le pasteur doit entretenir un climat de camaraderie en inspirant confiance et affection à ses collaborateurs.

5.3 Le pasteur et la gestion du personnel

Par personnel, il faut comprendre ici par personnel, les personnes qui assistent le pasteur dans la gestion des affaires courantes et journalières de la paroisse. Il s'agit aussi de celles et ceux qui travaillent dans les services ou projets encadrés par la paroisse (écoles, formations médicales, ou autres). Parmi ceux-là qui travaillent directement avec le pasteur nous citerons : le secrétaire de la paroisse, le trésorier, les ouvriers appelés à exécuter certains travaux ponctuels. Il importe au pasteur d'user la législation professionnelle en vigueur lors de leur recrutement dans l'élaboration de leur contrat[37] de travail. Sans être exclusif, le secrétaire assiste le pasteur dans les

---

[37] Pour une gestion orthodoxe du temps de travail des agents, les employeurs doivent nécessairement les soumettent à l'une des formes de contrat de travail ci-après : 1. Le contrat à durée indéterminée (CDI), conclu sans limitation de durée. Il permet au salarié de s'investir durablement dans l'entreprise ; 2.contrat

correspondances. Il enregistre les lettres (reçues et expédiées), les dactylographie et procède au classement du courrier, le ventile, garde les archives de l'église, tient les différents registres de la paroisse : de mariage, de naissance et des chrétiens actifs, de naissance et décès. Il garde les sceaux de l'église.
Le trésorier garde les documents comptables et tient l'inventaire de biens meubles et immeubles de la paroisse. Le trésorier assure l'exécution du budget où chaque service dispose d'une fiche comptable.

En outre, le pasteur devra avoir en principe le droit de regard sur tout travailleur œuvrant dans tout service organisé dans sa paroisse, même si ces services peuvent être gérés par d'autres instances. C'est pourquoi le pasteur doit prendre connaissance de tous les textes juridiques réglementant l'exercice des fonctions au sein de son église. Il s'agit des recueils des textes suivants: les statuts et Règlement d'Ordre Intérieur (ROI) de l'Église, le code du travail en vigueur dans son pays et règlement administratif de son Église. Les comptes rendus des organes de gouvernance tels les Conférences, les Assemblées générales, Comité Exécutifs peuvent être inclus dans cette rubrique.

---

de travail à durée déterminée (CDD), utilisable pour faire face à des tâches non durables et précisément définies pour une durée qui est fixée dans le contrat soit dix-huit mois au maximum. Il est obligatoirement écrit ; 3.Le contrat de travail temporaire ou d'intérim dit de 'mission'. Celui-ci lie le salarié) une entreprise de travail temporaire (agence d'intérim) tandis qu'un second contrat de de 'mise en disposition' lie celle-ci à l'entreprise utilisatrice. Sa durée maximale théorique est ici encore de 18 mois. 4. Le contrat à temps partiel peut être à durée déterminée ou à durée indéterminée. Le temps de travail doit avoir une durée inférieure à la durée légale, que celle-ci soit définie de façon hebdomadaire, ou mensuelle ou annuelle. L'horaire de travail peut varier dans certaines limites et quelques heures complémentaires peuvent être effectuées.5.Contrat de travail intermittent permet de pourvoir un emploi permanent mais comportant par nature, une alternance de période travaillées et nos travaillées. La rémunération est généralement 'lissée' sur l'année. 6.Les contrats aidée par l'Etat(exonération des charges patronales notamment) pour favoriser l'embauche de personnes rencontrant des difficultés particulières pour exercer un emploi : jeunes sans diplôme, jeune chômeurs de longue durée, handicapés. Les formules sont réajustées selon les politiques de l'emploi. Notons enfin que le stage n'est un contrat de travail. Cf. Bressy et Konkuyt (2011 :355).

5.4 Le pasteur et gestion des biens paroissiaux

A l'image de tout gestionnaire, le pasteur devrait veiller à l'existence des instruments de gestion suivants : le registre des biens meubles et immeubles de la paroisse, les pv de remise et reprise et celui des inventaires récents.

5.5 Le pasteur et la gestion de son temps

Le temps est défini comme une extension de durée pendant laquelle des choses arrivent. La qualité du leader est révélée par ce qui se passe pendant cette extension de temps ou de durée. Le caractère et la carrière d'une jeune personne sont largement déterminés par la façon dont elle a passé ses loisirs, et avec qui il l'a fait. A part les heures consacrées au travail et au sommeil, la façon dont elle emploie les moments en surplus fera de lui ou d'elle une personne avec laquelle on peut compter. Les habitudes prises au cours de la jeunesse forgent ou ruinent une vie. Les heures de loisirs constituent des occasions magnifiques ou des subtils dangers. Chaque moment de la journée est un don de Dieu et devait être cultivé avec les soins d'un avare, car le temps, c'est la vie qui nous est mesurée pour le travail. Pour le pasteur, et cela en conformité avec Éphésiens 5,16 est appelé à user rationnellement le temps dont Dieu lui dispose pour l'exercice de ses fonctions. Il doit être respectueux de temps aussi bien pour lui-même que pour celui des autres. Il ne perdra pas de vue qu'il rendra compte de la manière dont il aura usé de son temps. En outre son travail nécessite une programmation d'activités reprenant autant le temps de repos, de prière, de visites pastorales, de la lecture et méditation de la Parole de Dieu, de loisir, de contacts privés, d'études et d'information.

5.6 Le pasteur et la hiérarchie de son Église

Comme tout autre chrétien, le pasteur appartient à un corps structuré et différencié (1 Cor 12, 27-31). A la fois organisation et organisme, l'Église, corps du Christ, est une entité structurée et hiérarchisée où les domaines d'autorité sont bien différenciés avec les dons et des services différents constituant la hiérarchie. En effet, par ce concept, il faut entendre les instances administratives et ecclésiastiques devant lesquelles les paroisses locales rendent leur compte. A notre connaissance, ces instances peuvent être les suivantes : représentation légale, département ou sous - département, district ou sous district, poste ou mission, bureaux régionaux ou nationaux comme l'ECC. Ces instances constituent les paroisses de liens et instances de collaboration. Le pasteur se comportera en conformité avec ces différentes instances hiérarchiques de son église. Il prendra soin d'agir d'une manière responsable et conséquente envers chacune d'elles. Toutefois, le pasteur gardera en son esprit que l'indifférence, la critique et la calomnie n'ont pas de place à l'intérieur de la communauté chrétienne, ou entre les Églises et les dénominations.

5.7 Quelques modèles d'instruments de travail du pasteur

D'une manière pratique, ces quelques modèles sans être exclusifs peuvent être adaptés selon les régimes d'organisation en usage dans chaque paroisse. Ces modèles se rapportent au programme de réunions (de culte, de service de baptême, de réunion de membres), Spécimens d'imprimés (convocation pour réunions administratives, lettre de transfert, exemple de budget).

5.7.1 Culte dominical

Les séquences liturgiques suivantes devraient être tenues en compte dans toute cérémonie cultuelle dominicale: Chant, lecture d'un passage biblique, avec ou sans commentaire, la prière d'invocation, lecture biblique, louange et adoration, chant de choral, lectures biblique du texte de la prédication, prédication proprement dite, collecte des offrandes, annonces, chant et bénédiction finale.

5.7.2 Service de Baptême

En plus des séquences liturgiques liées à tout culte, le de baptême service comprendra les autres ci-après : Chant circonstancié, prière, lecture biblique circonstancié, prédication, baptême, prière d'accueil pour les nouveaux membres avec ou sans imposition des mains, remise de certificats de baptême, sainte cène, chant, prière finale.

5.7.3 Réunion de collège des anciens

Lecture d'un passage biblique approprié, prière, présentation de l'ordre du jour où il doit figurer l'approbation du compte rendu de la réunion précédente, les recommandations générales et exhortations utiles pour la bonne marche des activités de la paroisse, le moment de prière et le divers.

5.7.4 Spécimens d'imprimés

Ils comprennent l'invitation de service, la lettre de transfert de membre et le modèle de budget paroissial.

5.7.4.1 Libellé d'une invitation de service

L'en-tête de la Paroisse, date, objet de l'invitation de la convocation, destinataire (s).

5.7.4.2 Lettre de transfert

Nom et adresse de la Paroisse,
Objet : lettre de transfert
Destinataire : A la Paroisse de……
Par la présente nous certifions que Monsieur/Madame, Mademoiselle, né (e) à………. Le………., baptisé (e) a été admis (e) dans l'Église le……………………….
A la suite de sa demande de transfert, nous le (la) recommandons au bienveillant accueil et à la sollicitude de chrétiens (nes) de …………… à laquelle nous envoyons nos salutations fraternelles et nos meilleurs vœux de bénédiction en Christ.
Lieu et date……………………………………….
Pour la Paroisse………………………………….
Nom et Titre du signataire

5.7.4.3 Modèle d'un budget paroissial

Toute prévision budgétaire comprend deux principales rubriques : celles identifiant les sources des recettes ou d'approvisionnement des recettes et celle dépenses envisagées.

i. **Sources de recettes**

Elles précisent les lieux de provenance de recettes ou fonds devant couvrir les charges financières des activités prévues par la paroisse durant une période déterminée (salaires, soins médicaux, fournitures de bureau et consommables, cotisations diverses, frais de mission, de transport, …). Pour une paroisse par exemple, ses recettes proviennent en grande partie des offrandes ordinaires, de la dîme, de dons et collectes spéciaux, de services et projets organises au sein de la paroisse (les écoles les formations médicales ou autres projets).

ii. Postes de dépenses

A chaque activité prévue (salaires, soins médicaux, fournitures de bureau et consommables, cotisations diverses, frais de mission, de transport, frais de loyer, de communication téléphonique, frais de poste, de la consommation électrique et de l'eau, assistances diverses, imprévus, …) correspond le montant déterminé. Cependant, étant donné que le personnel constituerait l'élément catalyseur dans toute entreprise, la rubrique de salaire doit être bien réfléchie pour un encouragement envue de l'épargner de la démission déguisée du travail caractérisée souvent par une fausse présence au lieu de travail.

NOTES DE CONCLUSION

Ces quelques notes sur la gouvernance et la gestion de l'Église ne poursuivent autre but que celui d'affûter la capacité managériale de tout gestionnaire de l'église et en particulier celle du pasteur. Ce dernier doit à travers toutes ses pratiques appliquer les notions qui entrent en ligne de compte dans la formation plus de tout leader que d'un manager ecclésiastiques.

En plus le leadership chrétien doit être celui de 'service' qui considère les personnes auprès desquelles il veuille comme les membres d'un 'organisme', le 'corps du Christ' où chaque membre se sentirait libre d'être en contact avec la 'tête' de ce corps, Jésus –Christ. Par ailleurs, il apparaîtrait que le système de gouvernance, de gestion ou d'administration de nos églises d'obédience protestante tel que pratiqué en République Démocratique du Congo en particulier et dans certains pays africains en général, recèlerait encore beaucoup de zones d'ombre qu'il faut éclairer grâce aux études appropriées afin de pouvoir déterminer : primo, par exemple, lequel de régimes d'organisation ecclésiastique entre le congrégationalisme, l'épiscopalisme et synodal, conviendrait mieux aux églises protestantes africaines. A notre sens, les régimes d'organisation qui ont cours dans nos églises, avons- nous constaté, ne semblent s'accommoder à aucun de ces systèmes précités. C'est ainsi que les régimes de gestion actuels se révéleraient être une fusion car ne s'accommodant nullement aux principes d'aucun des régimes classiques étudiés.

Secundo de prévenir aux pasteurs et autres gestionnaires d'églises que l'administration est un 'don de l'Esprit Saint', dans le sens de 'gouverner (1 Co 12, 28). C'est ainsi qu'il devrait être le modèle de l'excellence en cette matière et reconnaître qu'il sera appelé un jour à en rendre compte devant le Chef de l'Église, Jésus-Christ. Étant donné que souvent on ne naît pas gestionnaire ou administrateur mais on le devient, le pasteur devrait, à mon sens se comporterait plus comme leader et moins comme manager, devrait se sentir à l'aise de solliciter la compétence reconnue et existante pour l'assister au travers de recyclages et sessions de formation en matière de gouvernance, de gestion ou d'administration. L'exemple de Moïse qui humblement accepta les conseils en matière de gestion du personnel par la théorie de la 'répartition des tâches' et celle de la délégation du pouvoir par l'entremise de son beau- père Jethro, qui n'était pas d'ailleurs israélite, devrait inspirer plus d'un pasteur moderne dans sa pratique de la gestion du troupeau du Seigneur mis à sa disposition.

Enfin ces notes d'introduction sur l'administration et gestion interpellent tout pasteur à montrer le visage du Christ aux paroissiaux dans toute action qu'il est appelé à entreprendre.

En définitive, disons à la suite d'Emile Leonard, qu'on doit se souvenir du changement opéré au seizième siècle dans la structure ecclésiastique, par la Réforme pour innover notre système de gouvernance et de gestion de nos entités ecclésiastiques en gardant en esprit le souci de la fidélité à ce que devait être la manifestation de ce témoin permanent de Dieu qu'est l'Église dans un monde bouleversé. L'on a souligné que le centre du protestantisme, son cœur, n'était pas la façon dont il se présentait au monde, son aspect extérieur, son morcellement, en somme structurel, mais son unité d'inspiration, son souci de fidélité à Dieu, manifesté au travers de ses différences d'organisation. En somme, qu'elle soit imposée à l'Église du dehors, ou qu'elle soit formulée par l'Église elle-même, une structuration ne doit être considérée qu'à titre de nécessité temporaire et temporelle ; jamais comme une indispensable marque d'authenticité spirituelle.

NOTES BIBLIOGRAPHIQUES

Adler, MJ. 1983. *How to speak and how to listen*. New York: Macmillan Publishing Company.

André, G., 1983. *Serviteurs de Christ*, Valence et Vevey : Bibles et Publications Chrétiennes La Bonne Semence/ Dépôt Biblique et Traités Chrétiens.

Banywesize, MV. 2010, Développement organisationnel : séminaire organisé par la Représentation Légale de l'ECC-3ème CBCA à l'intention des membres du Comité Exécutif réunis à Buhimba du 22 au 23 février 2010.

Blanchard, KH, Johnson, S. 1981. *The One Minute Manager: The Quickest Way to increase your Prosperity*. New York: A Berkley Book.

Boone,JM, Bowen,DD, (eds). *The Great Writings in Management and Organizational Behavior, Second Edition*, New York.

Baubérot, J. (dir.) 1996. *L'histoire et la foi*. Paris : Fayard.

Boucher, R.C., Poirier. 1991. *Fondements conceptuels de l'administration et de l'organisation*, Québec : De Trécarré.

Blanchard, K., Spencer, J. 1983. *The One Minute Manager: The Quickest Way to Increase Your Own Prosperity*, New York: Berkley Books.

Bouteille, M.1970. *Rédaction et correspondances administratives*, Kinshasa : ENA.

Bryson, JM. 2004. *Strategy Planning for Public and non Profit organizations: A Guide to Strengthening and Sustaining Organizational Achievement, Third Edition*, San Francisco: John Wiley & Sons, Inc.

Buhler, F, 1979. *L'église locale: un manuel pratique*, Fontenay-sous-bois : Éditions Farel.

Carver, J, Carver, MM. 1997. *Reinventing your Board: A Step-by-Step Guide Implementing Policy Governance*, San Francisco: Jossey- Bass Publishers.

Chappuis, J.M. 1985. *La figure du pasteur* : Labor et Fides.

_____, 1991. *La femme du pasteur, un sacerdoce obligé*, Genève : Labor et Fides.

Congar, Y. 1971. *Ministère et communion ecclésiale*, Paris : Cerf.

Conord, P. 1969. *Les doctrines chrétiennes : tableaux comparatifs*, Paris : Les Bergers et les Mages.

Deloraine,M. 1966. *L'intendance dans nos églises*, (s,l).

Drucher, P.F. *Management: Tasks, Responsabilities, Practices*, New York, Evanston, San Francisco, London: Harper&Row Publishers.

Franklin, S.G., Terey, G.1985. *Principes du management*, Paris : Economica.

Greene, R. 2009. *Power : 48 lois du pouvoir,* Paris : Leduc's Editions,.

Kazadi Tshilumba, 'Quelques approches récentes de la notion du leadership' in *Cahiers Économiques et Sociaux vol.xi, no2&3*, Kinshasa : PUZ, 1973, pp.73-88.

Keith, G. 2005. *Leadership*: *Limits and Possibilities*. Coll.'Management,Work & Organisations'. New York: Palgrave Mac Millan.

Kuen, A.1993. *Ministères dans l'église*, Saint Legier: Emmaüs

Kuhn, U., 'Racines bibliques, les représentations et les concepts de l'Église au cours de son histoire' in YJ. Lacoste (dir.), 2007 *Dictionnaire critique de théologie, 3ème édition revue et augmentée,* Paris : PUF, pp.451-460.

La Clé de l'Afrique no 7, 2012.

Leuba, JL,'Œcuménisme d'origine protestante' in P Gisel (dir.). 2006. *Encyclopédie du protestantisme*, 2eme édition revue, corrigée et augmentée, Paris/ Genève, PUF/Labor et Fides, p.1004-1014.

Le Lay, Y. 2001. *Savoir rédiger: les grandes règles,* Paris : Larousse.

Leenhardt, E. 1940.'L'organisation de la primitive Eglise', in *Etudes sur l'Eglise dans le NT,* pp.44-78.

Lubadika Mak'Ekeberide, 1981. *Le style dans la correspondance administrative* T1, Kinshasa : Presse Universitaire du Zaïre.

Masamba ma Mpolo, 1993.Gestion et Administration de l'Église, cours inédit, Kinshasa, G3, FPZ.

Masu-ga-Rugamika. 1987. Gestion et Administration de l'Église, cours inédit, Goma, G2, ISTP.

Masu-ga-Rugamika. 1988. Eglise et Développement, cours inédit, Goma, G3, ISTP.

Mengi Kilandamoko Kuntukula, 1998. *Guide pratique du pasteur et son ministère*, Kinshasa : Cedi.

Menoud, PH. 1949. *L'Eglise et le ministère,* sl.

Mushagalusa, TB, 2008. John of Damascus and Heresiology: A Basis for Understanding Modern Heresy. Doctoral Dissertation in Theology (Church History), Pretoria: University of South Africa- UNISA.

Ngambi, H. 2008. 'African Leadership Models & Economic Sustainability' in *Centre for African Renaissance Studies- Leadership Training Skills- DRC Youth Group*, Pretoria, 07-11 April, p.1-19.

Ng'ang'a, JNN. 2013. *Christian Professionals: Leading in the Marketplace*, Nairobi: Taruma Consultants Ltd.

Niebuhr, HR, William, DD, Ahlstrom, ES (eds.).1983. *The Ministry in Historical Perspectives*. San Francisco, Cambridge, London, Mexico City, Sao Paulo, Sydney: Harper & Row Publishers.

Oswald, S. 1987. *Spiritualité du rapport de stage*, Paris : Marketing.

Picano, J.1986. *Méthodologie du rapport de stage*, Paris : Marketing.

Peyrot, L. 1978. *Eglise-communion*, Genève : Labor et Fides.

Reymond, B. 1992. *Entre la grâce et la loi : introduction du droit ecclésial protestant,*
Genève : Labor et Fides.

Ribe, P. 2006. *Histoire de brebis : Du bon usage et du mauvais usage de l'autorité dans l'Église*. Préface de David Dixon. Marne-La-Vallée : Farel Éditions.

Ronald, A.H., Linsky, M. *Leadership on the Line: Staying Alive Through the Dangers of Leading* , Massachusetts: Harvard Business Review Press.

Roux, A. 1984. *Missions des églises : mission de l'église*, Paris : Cerf.

Sanders, OJ. 2004. *Le leader spirituel : Les qualités importantes pour les responsables d'églises*. Marne-La-Vallée: Farel Éditions.

Sigit Triyano, Formation sur le leadership et la gestion stratégique, CBCA, formation tenue à Goma du 19au 25mars 2012.

Senft, C.1990. *La première épitre de Saint Paul aux corinthiens, 2è édition corrigée et augmentée,* Genève : Labor et Fides.

Templar, R. 2007. *Les 100 règles d'or du management: code pour un management efficace,* Paris : Marabout.

Tidwell, C.A.1985. *Church Administration*: *Effective Leadership for Ministry*. USA: Broadman Press.

Vernimmen, P. 2012. *Finance d'entreprise*, Paris : Dalloz.

Welch, J.et S. Welch. 2009. *Mes conseils pour réussir*, Paris : Nouveaux Horizons.

Westphalen, MH. 2004. *Le guide de la communication : Communicator 4è édition*, Paris : Dunod.

Willaime, JP, 'Congrégationalisme' in P Gisel (dir.). 2006. *Encyclopédie du protestantisme, 2eme édition revue, corrigée et augmentée,* Paris/ Genève, PUF/Labor et Fides, p.256.

Table des Matières

PREFACE	ii
AVANT –PROPOS	v
NOTES INTRODUCTIVES ET LIMINAIRES	vi
CHAPITRE PREMIER: GOUVERNANCE ET GESTION: QUEL RAPPORT?	1
CHAPITRE DEUXIEME: GOUVERNANCE, PRINCIPES DE LEADERSHIP ET DE POUVOIR	7
2.1 Fondement biblique de la gouvernance et de la gestion	7
2.2 Évolution historique de la pratique de la gouvernance et de la gestion	9
2.3 Notion de leadership, de l'autorité et du pouvoir	10
2.3.1 Le Leadership	11
2. 3.1.1 Définition	11
2.3.1.2 Le leader	14
2.3.1.3 Leader et processus de prise de décision	16
2.3.1.4 Leader et manager	18
2.3.1.5 Leader et communication	19
2.3.2 Les vingt et une lois pour un leadership réussi	24
2.3.3 L'autorité	28
2.3.4 Le pouvoir	28
2.3.5 Le décalogue administratif	29
2.3.6 Leadership ecclésiastique	31
CHAPITRE TROISIEME: ADMINISTRATION - GESTION ET SON JARGON	35
3.1 Administrer et gérer	35
3.1.1 Processus administratif	36
3.1.2 La fonction administrative	37
3.1.3 Le contenu de l'administration	37
3.1.3.1 La division du travail	38
3.1.3.2 L'autorité et la responsabilité	38
3.1.3.3 La discipline	38
3.1.3.4 L'unité de commandement	38
3.1.3.5 L'unité de direction	38
3.1.3.6 La subordination de l'intérêt particulier à l'intérêt général	39
3.1.3.7 La rémunération du personnel	39
3.1.3.8 La centralisation et la décentralisation	39
3.1.3.9 La hiérarchie	39
3.1.3.10 L'ordre	39
3.1.3.11 L'équité	40
3.1.3.12 La stabilité du personnel	40
3.1.3.13 L'initiative	40
3.1.3.14 L'union du personnel	40
3.2 La personnalité humaine	41
3.3 L'Organisation	42
3.3.1 Considérations générales	42
3.3.2 Les avantages de la décentralisation	43
3.3.3 Les avantages de la centralisation	44
3.4 La croissance	44
3.5 Les conflits	44
3.5.1 Considérations générales	44
3.5.2 Causes des conflits dans les entreprises	46
3.6 La motivation	47
3.7 La responsabilité	49

4.0 Introduction	50
4.1 Note luminaries'	50
4.2 Unité et diversité de la famille protestante	52
4.2.1 Les grandes caractéristiques protestantes	53
4.2.1.1 Dieu seul	53
4.2.1.2 L'Écriture seule	54
4.2.1.3 La foi seule	54
4.2.2 Les grandes composantes du protestantisme	55
4.2.2.1 Le luthéranisme	55
4.2.2.2 Le presbytérianisme et la tradition réformée	55
4.2.2.3 L'anglicanisme	56
4.2.2.4 Le mennonisme	57
4.2.2.5 Le baptisme	57
4.2.2.6 Les Quakers	58
4.2.2.6 Le méthodisme	59
4.2.2.7 L'Armée du salut	59
4.2.2.8 L'adventisme du septième jour	60
4.2.2.9 Le pentecôtisme	60
4.2.2.10 Les évangéliques	61
4.2.2.11 Le libéralisme	61
4.2.2.12 Le Conseil Œcuménique des Églises	61
4.3 Formes de gouvernement protestant	62
4.3.1 L'épiscopat	62
4.3.2 Le presbytéral synodal	63
4.2.3 Congrégationaliste	63
CHAPITRE CINQUIÈME: LE PASTEUR ET LA GESTION D'UNE PAROISSE	**65**
5.1 Introduction	65
5.2 Le pasteur et ses collaborateurs	66
5.3 Le pasteur et la gestion du personnel	66
5.4 Le pasteur et gestion des biens paroissiaux	68
5.5 Le pasteur et la gestion de son temps	68
5.6 Le pasteur et la hiérarchie de son Église	68
5.7 Quelques modèles d'instruments de travail du pasteur	69
5.7.1 Culte dominical	69
5.7.2 Service de Baptême	70
5.7.3 Réunion de collège des anciens	70
5.7.4 Spécimens d'imprimés	70
5.7.4.1 Libellé d'une invitation de service	70
5.7.4.2 Lettre de transfert	71
5.7.4.3 Modèle d'un budget paroissial	71
NOTES DE CONCLUSION	**73**
NOTES BIBLIOGRAPHIQUES	**75**

i want morebooks!

Buy your books fast and straightforward online - at one of world's fastest growing online book stores! Environmentally sound due to Print-on-Demand technologies.

Buy your books online at
www.get-morebooks.com

Achetez vos livres en ligne, vite et bien, sur l'une des librairies en ligne les plus performantes au monde!
En protégeant nos ressources et notre environnement grâce à l'impression à la demande.

La librairie en ligne pour acheter plus vite
www.morebooks.fr

VDM Verlagsservicegesellschaft mbH
Heinrich-Böcking-Str. 6-8
D - 66121 Saarbrücken

Telefon: +49 681 3720 174
Telefax: +49 681 3720 1749

info@vdm-vsg.de
www.vdm-vsg.de

www.ingramcontent.com/pod-product-compliance
Lightning Source LLC
Chambersburg PA
CBHW021813220426
43662CB00006B/294